Tabla de Contenidos

Libro 1: Cómo Mejorar Tu Historial Crediticio

Estrategias Probadas Para Reparar Tu Historial Crediticio, Cómo Incrementarlo y Superar La Deuda de Tarjeta de Crédito

Volumen 1

Por

Income Mastery

Introducción

El siguiente libro se escribe con el objetivo de proporcionar información lo más precisa y confiable posible. En cualquier caso, la compra de este libro toma en cuenta que, tanto el editor como el autor, no son expertos en los temas tratados y que las recomendaciones o sugerencias que se hacen aquí son sólo para fines de entretenimiento. Profesionales deben ser consultados según sea necesario antes de emprender cualquiera de las acciones aquí mencionadas.

Esta declaración se considera justa y válida tanto por la American Bar Association como por el Comité de la Asociación de Editores y se considera legal en todos los Estados Unidos.

Además, la transmisión, duplicación o reproducción de cualquiera de los siguientes trabajos, incluida la información específica, se considerará un acto ilegal independientemente de si se realiza de forma electrónica o impresa. Esto se extiende a la creación de una copia secundaria o terciaria del trabajo o una copia grabada y solo se permite con el debido consentimiento expreso por escrito del autor. Todos los derechos adicionales reservados.

La información en las siguientes páginas se considera, en términos generales, como una descripción veraz y precisa de los hechos y, como tal, cualquier falta de atención, uso o mal uso de la información en cuestión por parte del lector hará que las acciones resultantes sean únicamente de su competencia. No hay escenarios en los que el editor o el autor de este libro puedan ser considerados responsables de cualquier dificultad o daño que pueda ocurrir después de realizar la información aquí expuesta.

Además, la información en las siguientes páginas está destinada únicamente a fines informativos y, por lo tanto, debe considerarse como universal. Como corresponde a su naturaleza, se presenta sin garantía con respecto a su validez prolongada o calidad provisional. Las marcas comerciales que se mencionan se realizan sin consentimiento por escrito y de ninguna manera pueden considerarse como auspicios de la misma.

Capítulo 1: Historial crediticio

Realmente pocos conocemos todos los pormenores que implican acudir a una agencia bancaria y solicitar una tarjeta de crédito, pues definitivamente ese denominado historial crediticio será una de tus mejores cartas de presentación o por el contrario representará el gran obstáculo entre tus proyectos y tus finanzas. Es por esto que dedicamos un espacio para explicarte ¿Qué es el historial crediticio? Es la investigación que hacen todas las entidades financieras antes de otorgar un crédito. Esta investigación previa se basa en el historial de pago y comportamiento del solicitante tanto como la persona natural o jurídica que lo está requiriendo.

De igual forma debemos conocer el término morosidad el cual implica el conjunto de créditos vencidos, y son considerados créditos vencidos cuando llegada la fecha de pago de las cuotas, estas no son canceladas o cuando sólo amortizan una parte del monto establecido como cuota.

Es decir, en tu historial crediticio se verá reflejado tanto el crédito positivo que son los pagos efectuados de forma oportuna, como también la morosidad, todo esto según el manejo que le otorgues a tus finanzas y la conducción que le des a tus créditos. Para el otorgamiento o el consentimiento de créditos se ha desarrollado un método denominado en muchos estudios económicos como las 5 C's, que no son más que cinco condiciones simples y básicas, que sirven para el análisis del nivel de otorgamiento que puede o no tener el solicitante y dependiendo de estas condiciones podrá optar a la otorgación de un crédito por primera vez o a un nuevo crédito.

Estas 5 C´s corresponde a las iniciales de cinco conceptos manejados en el ámbito de las finanzas y de la economía, es de carácter cualitativo analizar individualmente a cada cliente buscando determinar el riesgo crediticio en base a cinco factores las cuales son de carácter o compromiso, capacidad, capital, colateral y condiciones. A continuación te explicaremos de la forma más sencilla posible:

CARÁCTER

Este carácter o compromiso tiene que ver directamente con el cumplimiento de las obligaciones de crédito que se han adquirido a lo largo de nuestra vida en diferentes esferas, por ejemplo en locales comerciales para la compra de cualquier artefacto eléctrico o mobiliario. La mejor manera de medir el carácter es con base en el historial de pagos del solicitante, es decir será proporcional con el cumplimiento oportuno y con el lapso previsto del artículo que has adquirido.

En lo que respecta a carácter, se analiza la honestidad, moralidad e integridad del cliente en el cumplimiento de sus compromisos y obligaciones propias y con terceros, qué tan apto eres a la hora de cancelar tus bienes como cliente. Es el aspecto más importante del modelo, porque permite aproximarse a determinar el grado de responsabilidad y credibilidad del cliente en cuanto a sus pagos.

CAPACIDAD.

Definimos capacidad como la cantidad de servicio que puede ser obtenida en una determinada unidad productiva durante un cierto período de tiempo. Consideramos la capacidad como una decisión a medio o largo plazo, es decir, al menos no se modificará en los próximos dos años. En pocas palabras determina la diversidad de asistencia o usos de servicios que requieras para el mantenimiento tanto personal o si es referido a tu empresa.

Cuando se analiza la capacidad, se busca determinar si el cliente tiene fuentes de ingresos que le permitan cubrir la totalidad de sus costos y gastos, incluidos sus compromisos financieros y económicos con bancos y proveedores o acreedores. Generalmente se mide este factor recurriendo al análisis de los flujos de caja históricos y estimaciones de flujos de caja proyectados. Este factor es determinante para tomar la decisión de aprobar o no el crédito, ya que solo se les puede otorgar un crédito a los clientes que demuestran que lo pueden pagar, es decir, que presentan solvencia económica.

CAPITAL

El capital es la cantidad de recursos, bienes y valores disponibles para satisfacer una necesidad o llevar a cabo una actividad definida y que generan un beneficio económico o ganancia para ti o tus socios y accionistas en el caso de tener una empresa en economía se define al capital como un elemento de la producción que tengas. También podemos decir que el capital es la valoración nominal de las participaciones emitidas por una empresa y suscritas por los socios. De acuerdo con el porcentaje de participación en la empresa, tú puedes definir el peso específico político y económico de tu capital al igual que el de la empresa.

En tal sentido el factor capital del cliente, busca determinar la posición financiera, la relación entre sus bienes propios y los pasivos contraídos, para conocer la capacidad que tienen para contraer nuevas deudas y soportar pérdidas, esto no solo aplica cuando eres dueño de un negocio sino en tus finanzas personales.

COLLATERAL

Expresado como garantías se refiere a tus bienes y posesiones que debes tener en calidad de solicitante de un crédito, y esta garantía debe ser valorada por el mismo costo que está pidiendo en el crédito. La garantía que puede enajenarse o embargarse en caso de falta de pago es decir que la entidad financiera queda en potestad de vender tu propiedad o simplemente quedarse con ella para cubrir así el monto de la deuda adquirida a través del crédito otorgado. El valor de la garantía depende del costo de enajenación y del posible valor de reventa.

En tal sentido, el colateral, está referido a evaluar los activos que se tomarán como garantía del crédito. Los bancos toman los activos del cliente, principalmente para constituir garantías preferidas o reales, como respaldo del compromiso y cumplimiento de pago del crédito.

CONDICIONES

Las condiciones económicas generales de tus posesiones y bienes personales como los de tu empresa van a repercutir directamente afectando o respaldando la decisión de otorgamiento de crédito. Por otra parte también las condiciones económicas externas a ti o a tu negocio como una mejoría o un deterioro de las condiciones económicas generales en cuanto a la estabilidad financiera del país, los niveles de inflación pueden hacer que cambien las tasas de interés o el riesgo de otorgar crédito. Asimismo, las condiciones de una industria en particular pueden afectar la rentabilidad de otorgar crédito a una compañía en este tipo de industria, esto dependerá del tipo de emprendimiento que tengas, no aplica en todas necesariamente.

En cuanto a las condiciones, se busca determinar los aspectos externos que influyen en el uso y retorno del crédito.

Situación en la que se encuentra la economía, el entorno político, social, el sector en el que opera el cliente, el nivel de competencia, etc. Este método es sumamente subjetivo, pues no analiza la posición estratégica ni los ratios que proporciona la información contable financiera del cliente. Al igual que el método anterior no se puede aplicar a los empresarios o microempresarios no se dispone de información financiera y si sus activos en la gran mayoría de los casos no están saneados.

Ahora bien, del desarrollo de tus 5 C's, se formulará el juicio acerca de tu calidad crediticia, es por todo lo antes señalado que es importante conocer y contar con un positivo historial crediticio a la par del manejo adecuado de estos recursos con una planificación apropiada y viable, sobre todo en la medida que te debas a tu fuerza laboral lo que será siempre una motivación para cumplir tu rol con mayor responsabilidad, y de este modo optimizando aquellos recursos financieros de una manera sustentable y que arroje los mejores resultados. Por tanto, la buena administración de tus recursos, el cumplimiento de las responsabilidades crediticias adquiridas sumado a un adecuado análisis del riesgo crediticio puede compaginar a tu favor para obtener los recursos con los que requieren disponer ante una entidad financiera con el fin de lograr resultados óptimos con tu tarjeta de crédito.

Por otro lado, no está demás conocer la posición de análisis de la agencia financiera o bancaria para la otorgación de créditos, esta posición de análisis hace referencia al proceso de crédito denominado 5 P´s. El proceso de crédito 5 P´s es una sutil aproximación para resolver los hechos, dar opiniones responsables y sortear factores pocos claros, en un proceso de evaluación de riesgo: crediticio, a fin de llegar a una decisión de otorgamiento.

Por tanto las 5P´s es un proceso que se caracteriza por una secuencia de pasos o por estar compuesto por varios elementos, en este caso son: personal, propósito, pago, protección y perspectiva. Es importante tener un conocimiento claro sobre esto para sacarle el mayor provecho. A continuación te daremos a conocer algunas de las características claves de las 5P´s:

PERSONAL

Esta se considera bajo dos perspectivas simples: la primera que es si los solicitantes son responsables y exitosos y si tratan a sus banqueros y acreedores en forma equitativa e igualitaria. La información sobre el prestatario, en este caso eres tú, debe tener tres características: Completa (elemento humano), Veraz (Comentar investigación), Actualizada (información contable). En pocas palabras, el personal que debe tomarse en cuenta son de dos enfoques: los del personal que realizan el análisis e investigación acerca del solicitante y la del solicitante en sí, es por esto que toda la información de las partes involucradas debe ser verdadera, completa, legal y actualizada.

PROPÓSITO

Es necesario tener la constancia del destino del crédito, es decir a donde está dirigido o destinado el dinero. Es básico para poder establecer su plan de pago, es decir, la forma en que se amortizará, el plazo de reembolso y la tasa de interés.

Sirve para que el prestamista observe el grado de riesgo ya que pueden ser altos o bajos. Los propósitos del crédito pueden estar dirigidos tanto a personas naturales como a empresa e industrias en general.

PAGO

El pago es una derivación del propósito y como tal debe ser apropiado para el tomador y también para el acreedor dentro del plazo normal del préstamo. Se debe analizar la fuente y tiempo de repago y estar convencido de que la probabilidad de repago sea alta. Deberá conocerse su Cash Flow o también conocido como el flujo de dinero y también cuándo sus negocios se contraerán o se expandirán dependiendo de la visión y probabilidad que tiene en un futuro.

El pago se considera una de las partes más importantes e imprescindibles al concretar un crédito de cualquier tipo, puesto que debe existir un acuerdo entre todas las partes, es decir la entidad financiera y el solicitante del crédito. Existen condiciones de pago que determinan las cantidades y el tiempo preciso de pago. Además es de relevancia fundamental investigar la capacidad del solicitante, es decir la capacidad que adquieres por tus ingresos al cancelar tus deudas.

PROTECCIÓN

Un préstamo debidamente estructurado incluye una alternativa, tener una protección o segunda salida en caso de que la fuente de pago primaria falle. La protección puede ser:

Interna: donde el prestamista mira exclusivamente al tomador.

Externa: cuando un tercero asuma su responsabilidad crediticia a la del tomador.

El colateral se analiza desde el punto de vista de la liquidez, que no es más que la facilidad de un bien para transformarse en dinero.

PERSPECTIVA

Se entiende en el sentido que puede tener el crédito desde el análisis básico hasta asumir el riesgo y ganar la recompensa que enmarcan los *negocios*. Las principales alternativas a la perspectiva de no aceptar el riesgo son: Evitar y/o cubrir los riesgos, existen instrumentos apropiados como los Swaps, operaciones a término (Forward), además de la diversificación de la cartera. Reducir el riesgo o prevenir pérdidas y adaptar diversas acciones o prevenciones.

Algunos de los factores más importantes que se toman en cuenta con mayor frecuencia para el cálculo de la calificación crediticia que posees suelen ser los siguientes:

- El Historial de pagos: es una descripción fiel de todos los pagos sin excepción, esto incluye los pagos atrasados, las cuentas en las que haya un registro de pagos atrasados y las acciones judiciales negativas, como la bancarrota. Todo esto conforma el 35 %

de tu calificación y son todos los movimientos que hayas realizado con el flujo de tu dinero.

- Cuentas por pagar: esto incluye los tipos de cuentas, los saldos, la deuda total, la proporción entre la deuda y el crédito disponible, y el porcentaje de la deuda restante en cuotas, es decir, toda la responsabilidad de pago que tienes al momento. Esto conforma el 30 % de tu calificación.

- Antigüedad del historial crediticio: esto toma en cuenta la antigüedad de tus cuentas de crédito (desde la transacción más antigua hasta la más reciente que hayas realizado), la antigüedad promedio de todas tus cuentas de crédito y la frecuencia de uso de cada una de ellas. Esto conforma el 15 % de tu calificación.

- Tipos de crédito: esto abarca las instituciones financieras o bancarias de las cuales hayas recibido créditos y las fechas en las que los hayas recibido, así como toda la información pertinente de la misma y conforma el 10 % de tu calificación.

- Créditos nuevos: haber solicitado varios créditos afecta negativamente a tu calificación crediticia a menos que todas las solicitudes se hayan realizado recientemente, es decir, en el espacio de 30 días. Esto conforma el 10 % de tu calificación.

Capítulo 2: ¿Que conocemos como Riesgo Crediticio?

El riesgo crediticio es la probabilidad de que la contraparte, es decir, tú como deudor, puedes tener una figura de carácter de persona natural o jurídica, al no cumplir con tus obligaciones en los términos acordados; es decir, el riesgo de que un deudor no cancele a la institución financiera (IFI) los pagos mensuales o el préstamo concedido en la fecha pactada.

Podemos manifestar que el riesgo del crédito no se limita a la función de préstamo adquirido a través de las tarjetas de crédito, sino que abarca otras funciones que ejecuta una entidad financiera, incluyendo la ampliación de los compromisos y garantías, aceptaciones bancarias, préstamos interbancarios, operaciones con divisas, entre otras opciones, por ende el incumplimiento de pagos a tu tarjeta de crédito afectará de forma directa a todas las operaciones o requerimientos. En pocas palabras la falta de pagos a tus compromisos financieros bien sea a tu tarjeta de crédito, pagos acreedores comerciales y acreedores cooperativos o cualquier otra forma de préstamo legal, repercutirá en tu solvencia crediticia.

Por tanto la falta de solvencia crediticia no solo afectará la posibilidad de obtener cualquier otro servicio bancario, también cualquier transacción bancaria se verá afectada. Al no poseer la capacidad de pago requerida será deducida de tus movimientos bancarios bien sea de pagos de nóminas o depósitos de terceros, y por último hasta repercutirá en que puedas conservar tus bienes y posesiones.

Es por lo antes señalado que la mejor manera de evitar una pérdida de tu capital o de tus bienes es conocer los riesgos que corres al momento de gestionar cualquier tipo de préstamo hasta en el empleo de tu tarjeta de crédito, ya que a través de esta se visualizan las posibilidades de pago a futuro que debes cumplir, a esto se le conoce como riesgo crediticio. Un buen análisis al riesgo crediticio comprende la planificación, organización, dirección y control.

La capacidad de pago que tengas tú como cliente, se juzga mediante un análisis de los flujos de ingresos esperados durante el período del préstamo y de la capacidad del deudor para cubrir sus futuras necesidades financieras. Estos factores pueden ser afectados, tanto por el entorno económico como por el m entorno del cliente.

En tal sentido podemos decir que la evaluación crediticia tiene un alto grado de relación negativa con el nivel de riesgo crediticio, ya que mientras mejor se evalúe el crédito, menor son las probabilidades de que el cliente se demore o deje de pagar su crédito.

Consejos que puedes seguir que pueden ayudarte a disminuir tu riesgo crediticio:

- Verifica siempre tu información crediticia después de haber solicitado los informes gratuitos, por lo general puedes solicitar informes crediticios adicionales fácilmente a cualquiera de las principales agencias de información crediticia por una tarifa más cómoda o en algunos casos hasta acceder de forma gratuita a tu información crediticia en la dirección online de la institución financiera de la que formas parte. Tener en orden y conocer toda tu información te brindará una mejor opinión con respecto a tus finanzas.

- Cada una de las cuentas que figuran en tu informe crediticio tienen una clasificación compuesta por una letra y un número que indican además el tipo de cuenta que tienes. Por ejemplo, en los EE.UU., una cuenta clasificada como I1 quiere decir que es una cuenta individual que se paga a tiempo. Si tu cuenta está clasificada como J1, esto quiere decir que es una cuenta común (por la inicial en inglés de "*joint*"). Una cuenta clasificada como I5 puede traerte problemas. Por tanto, prioriza todas las cuentas clasificadas con números mayores a 1 y todo lo que se haya adjudicado a las agencias de cobranza, esto siempre dependerá de dónde te encuentres ya que no todas las agencias presentan los mismos parámetros a la hora de la clasificación.

- Si piensas realizar una compra ya sea una casa o un auto y quieres obtener tarifas mucho más bajas, realiza la búsqueda en un espacio de 30 días para que tus solicitudes de crédito no afecten negativamente a tu calificación crediticia y puedas beneficiarte de esta.

- Debes tener muy presente que si un prestamista se niega a otorgarte un crédito o cambia los términos del acuerdo original que ya hayan pautado, está en la obligación de proporcionarte tu calificación crediticia.

- Si en algún momento disputas algo en tu informe crediticio, la agencia deberá de notificarte por escrito de lo que haya encontrado en su investigación y enviarte una copia gratuita del informe si esto ocasiona que se realice un cambio en el mismo.

- Si adquieres dinero adicional la mejor opción será utilizarlo para saldar primero todas las deudas que tengas con la prioridad de aquellos que tengan los intereses más altos. A esto se le llama el método de la avalancha, mediante el cual cancelas los pagos necesarios para mantener tus cuentas al día y pagas tus cuentas vencidas, empezando por la que tenga el interés más alto con cualquier exceso que haya en tu flujo de caja. A la larga, esto te ahorrará dinero y es la forma más rápida de saldar todas tus deudas y estas no sigan aumentando con el tiempo.

Capítulo 3: ¿Cómo recuperar tu Historial crediticio?... Estrategias infalibles para recuperarte financieramente

Ya en este punto habrás entendido la importancia de contar con un buen historial crediticio para todo lo que desees hacer, ahora bien, ese estado perfecto de las cosas no perduran por siempre, a veces, se presentan situaciones fortuitos que nos obligan a lidiar con emergencias de muchos tipos, médica, climatológicas, accidentes que tendrán una repercusión financiera directa, obligándonos a adquirir deudas más allá de nuestras posibilidades de pago u otras como la pérdida de nuestros trabajos o ingresos, en definitiva, situaciones que nadie quisiera tener pero no somos excepto de que ocurran ni nos conseguimos libres de ellas, no existe una burbuja financiera que nos permita nunca sufrir por algún tipo de estos inconvenientes.

Estas situaciones imprevistas en muchos casos van a alterar nuestra relación con las instituciones financieras bancarias afectando nuestro historial crediticio poniéndonos en una difícil situación con sus oficinas de cobranza, estas situaciones ocasionan que los pagos se retrasen o no se realicen en toda su totalidad. Cuando esto sucede, las personas suelen declararse en bancarrota para poder empezar de cero, pero esto tiene un impacto negativo en sus antecedentes crediticios durante los 7 años siguientes, como mínimo, y a la larga traerá mayores desventajas.

Por tanto, saber cómo arreglar o reparar tu situación crediticia es la mejor alternativa para proporcionar esa tranquilidad emocional que necesitas y la credibilidad financiera que requieres para proseguir con tus sueños, planes y proyectos, a fin de cuentas con tu futuro o planes a corto o mediano plazo. Es por esto que te presentamos algunas estrategias comprobadas que pueden ayudarte para reparar tu plan crediticio:

1. Compromiso: Arreglar tu condición crediticia implica hacer los sacrificios necesarios, eso involucra diferenciar entre las necesidades básicas de las cuales no puedes prescindir y los deseos que debes suprimir o desechar en definitiva. Tu compromiso parte en distinguir de qué puedes prescindir y de que no es necesario. Sabemos que no es fácil, hasta el más corto camino a casa está lleno de tentaciones pero ten en cuenta que la mayor satisfacción será cuando puedas recompensarte con pequeños detalles luego de haber solventado todas tus deudas y adquieras el compromiso con ellas.

2. Comunica: Involucra a las personas de tu mayor confianza, a tus familiares, amigos e incluso compañeros de trabajo que te brinden ayuda, al igual que a todas aquellas personas que puedan verse afectada por tu desliz crediticio. Vas a necesitar de todo el apoyo de tu ámbito social, familiar y patrimonial para direccionar el arreglo de tu crédito y mejorarlo. Más aún si alguno de tus allegados ha contribuido al problema financiero, así sea al ir en su socorro o por la causa que sea. Sé sincero expón tu situación y así obtendrás la colaboración que necesitas para que la solución sea al final más satisfactoria.

3. Planifica: No es fácil elaborar un presupuesto cuando no tienes experiencia y sobre todo a ceñirte a este, pero elaborarlo y tomarlo como un ritmo de vida te ayudará en todos tus planes a futuro. Toma en cuenta que un presupuesto no es más que una proyección detallada de cuáles han sido tus ingresos para así adjudicar qué parte de estos va a ir a tus gastos, en qué proporción puedes implementar un sistema de ahorro y cómo solventar de manera razonable las deudas que permitan recuperar tu credibilidad crediticia para obtener mayores beneficios de esta.

Para esto has de conocer cuál es el monto de tus gastos fijos mensuales es decir el pago de vivienda, servicios públicos y cualquier otro que no puedas excluir para tu supervivencia y de manera razonable no deberían de exceder el 50% de tus ingresos para así contar con un 20% para tus gastos financieros los cuales incluye el pago de préstamos, fondos y amortiguaciones que requieras cancelar. Por último, se debe dirigir un 30% de los ingresos mensuales al pago de los gastos flexibles los cuales consisten en cubrir la requerida alimentación, el combustible y otras compras necesarias como medicinas, por supuesto también se debería de hablar de la recreación y el entretenimiento pero este será un área propicia en tiempo de solvencia económica.

4. Consolida: debes tomar decisiones inmediatas como es el alejarte de las deudas más costosas sin dejar de asumir su pago, por ejemplo en el caso de las tarjetas de crédito, el pago de seguros y las deudas a corto plazo, la mejor forma de superarlas es cancelar lo adeudado lo cual fortalecerá de inmediato tu perfil crediticio. En última instancia puedes acudir a un préstamo o hipoteca para solventar las deudas a corto plazo permitiéndote ocuparte de su pago luego de planificar a conciencia un presupuesto real y ser posible su pago posterior, pero recuerda que cualquier ayuda externa que busques para resolverlo puede resultar negativo, toma las mejores decisiones al hacerlo, no caigas en el círculo vicioso de endeudarte más para saldar deudas viejas que al final solo se convierten en deudas nuevas.

5. Revisa: mantente al día en la revisión de la información emitida por las agencias bancarias o de tus estados mensuales de tus cuentas crediticias eso te permitirá hacer un seguimiento real de los gastos realizados como a su vez es muy importante darte cuenta de cualquier información incorrecta de una transacción u omisión de algún pago, lo que puede ser negativo a tu favor. Solo la revisión periódica de tus informes te permitirán realizar los reclamos que hayan a lugar, tomando en cuenta que muchos de estos reportes tienen un periodo de no más de 30 días para cualquier reclamo por ende debes contactar al ente emisor de forma inmediata para que se realice la investigación pertinente y rectifiquen su error y no te cause más deudas o estos influya en tus ingresos netos.

6. Solicita: Requieres mantener al día la información crediticia por ende debes solicitar los informes crediticios tanto en las oficinas de agencias de información crediticia, bancaria, financiera así como en centros de compras a cuotas o cooperativas, por lo general tienen la obligación de darte una copia gratuita de tu informe crediticio una vez al año si lo solicitas. Los informes crediticios contienen tu calificación y tu historial crediticios, por lo que las empresas y los prestamistas se basan en ellos para determinar si te otorgarán un crédito o no y cuánto te cobrarán en intereses final.

7. Programa: te será útil programar débitos automáticos a tu cuenta bancaria para los pagos de tu casa y tu auto, los servicios públicos y tus tarjetas de crédito, lo cual te ayudará a realizarlos a tiempo en caso de que olvides hacerlo. Si esto no es posible, puedes programar recordatorios para tus pagos en el calendario de tu teléfono celular o en algún software que uses para monitorear todos los gastos que tengas en un periodo determinado. Antes de programar los débitos automáticos, asegúrate de coordinarlos con las fechas en las que recibas depósitos a tu cuenta para así encontrarte con un saldo positivo a la hora de los cobros.

8. Cambia: En definitiva un real cambio de hábitos y actitud ante tu realidad financiera te permitirán generar saldos crediticios favorables, si por el contrario continúas realizando más gastos de los que tus ingresos soportan, empeorarás la situación de riesgo de perder tu credibilidad crediticia o peor aún de declararte en quiebra. No te desesperes si te encuentras ante una realidad financiera completamente desfavorable, recuerda que siempre hay subidas y bajadas pero que estas pueden ser recuperables.

9. Rectifica: Todas las deudas pueden negociarse, pero las obligaciones de pago acordadas en un principio no son negociables, estas cambiarán hasta que el acreedor acceda por escrito a los nuevos términos. Antes de acceder a un cambio en los términos del préstamo, asegúrate de saber hasta qué punto puedes endeudarte. Por desgracia, si tienes antecedentes negativos, como morosidades o bancarrotas, estos afectarán tu calificación crediticia durante años. Pero eso sí, debes estar consciente y claro de tu capacidad de pago real antes de asumir cualquier compromiso, lo cual te ahorrará muchos inconvenientes. No te comprometas a más de lo que realmente puedes.

10. Constancia: encargarse de las deudas vencidas, pese que pagarlas no ayudará a mejorar tu calificación crediticia, ya que lo importante en ese momento es pagar la deuda y salir lo antes posible de ella. Por tanto, pagar tus deudas más antiguas ayuda a evitar que las cobranzas figuren en tu informe crediticio. Por otra parte el asumir responsablemente las deudas adquiridas permiten generar la constancia que se requiere demostrar para un positivo historial crediticio, para esto debes dar prioridad a tus pagos según su antigüedad, su condición y la institución a quien debas responderle. No olvides que todas estas situaciones se verán reflejadas en tu historial crediticio y en tus finanzas netas a la hora de querer hacer cualquier proyecto a futuro.

11. Garantiza: ten en cuenta que algunas instituciones cobran intereses altos si una parte del saldo de la tarjeta de crédito se queda sin pagar (a pesar de que pagas el saldo completo al hacer el depósito inicial, esto es gracias a los intereses de la misma) y también cobran tarifas adicionales. Por tanto, asegúrate de pagar el saldo completo todos los meses. Garantiza siempre tu crédito obteniendo tarjetas garantizadas. Estas tarjetas son una buena opción si quieres tener una tarjeta de crédito sin tener que preocuparte por gastar de más. Mediante este método, le depositas una cantidad de dinero a un prestamista y este te emite una tarjeta con ese límite de crédito, esto te será útil para no tener más deudas de las que no puedas hacerte responsable por la alta cantidad a cancelar.

Por otra parte, también procura obtener préstamos garantizados, la mayoría de los bancos y uniones de crédito ofrecen este tipo de préstamos, mediante los cuales toman dinero prestado, lo inviertes en una cuenta de ahorros como garantía en la institución prestamista y lo saldas mensualmente por medio de pagos pequeños. Esto ayuda a establecerte un historial crediticio, además, los intereses que se cobran a la cuenta de ahorros suelen ser de 2 a 3 % menos que los que se cobran por el préstamo y tú compensas la diferencia por medio de tus demás fuentes de ingreso, eso sí, toma en cuenta que no debes usar esta cuenta de ahorros para nada más que pagar este préstamo. Si puedes, realiza pagos adicionales usando tus propios ingresos. De esta forma, reducirás el saldo pendiente e incrementarás tus ahorros para cancelar todas tus deudas.

12. Prudencia: Acorde vaya mejorando tu perfil crediticio es inevitable que surjan nuevas oportunidades y ofertas de créditos nuevos. No te confíes de la buena racha que puedas tener en ese momento, sé prudente y ten cuidado con los créditos altos. Si bien es cierto que tener un crédito alto incrementa tu calificación crediticia y tienes la posibilidad de asumir otro tipo de riesgos si eres emprendedor, pero usarlos con frecuencia la disminuye. Lo ideal que es utilices como máximo del 30 al 15 % de tu disponibilidad de crédito. Por ejemplo, si tu línea total en una tarjeta de crédito es de $20 000, no incurras en un saldo de más de $5000 durante un periodo de tiempo prolongado.

13. Negocia: Dar la cara y ser claro al hablar sobre tus circunstancias no te hace menos deudor pero sí mejor persona y quizás puedas marcar la diferencia a la hora de gestionar nuevos acuerdos de pagos y hasta medios crediticios. Debes saber a quién debes pagar cada una de tus deudas y mantenerte en contacto con ellos. Sé honesto con tus acreedores. Por ejemplo, debes notificarles si sabes que tendrás problemas para pagar una deuda o que uno de tus pagos se atrasará. Lo más probable es que estén dispuestos a llegar a un acuerdo. Las cuentas en las que hayan pagos atrasados de por sí figuran en tu informe crediticio y se verán reflejadas en tu calificación, así que, lo mejor es mantener al día tus cuentas de crédito, ya que esto demuestra que tienes buenas fuentes de crédito más antiguas en lugar de fuentes más recientes. Al pagar tus deudas vencidas, explícale al acreedor que quieres poner al día tus cuentas de crédito y pídele ayuda si es necesario. Estas son algunas cosas que el acreedor podrá hacer por ti:

- Permitirte pagar el saldo vencido a lo largo de varios meses si realizas los pagos futuros a tiempo.
- Restablecer tu cuenta de forma que los pagos figuren como si estuvieran al día en lugar de vencidos. Para esto, se debe

redactar un acuerdo y debes asegurarte de cumplir con los nuevos términos de pago.

- Posiblemente pueda exonerarte de las tarifas o penalidades que se le hayan cobrado a tu cuenta.

14. Comprende: Debes tomarte el tiempo para identificar la información que te suministran los informes crediticios con la finalidad de verificar que estén correctos los compromisos contraídos así como la fidelidad de la información que suministran. Por lo general, en los informes gratuitos anuales no figura tu calificación sino solamente la información que se usa para calcularla. Esta es la información que suele figurar en tu informe crediticio:

- Información de identificación: tu nombre, dirección, número del seguro social o el equivalente en el lugar en donde vivas, fecha de nacimiento e información sobre tu empleo. Esto no se usa para calcular tu calificación, pero de todas formas debes asegurarte de que estos datos estén correctos, ya que, de lo contrario, tus cuentas estarán vinculadas a información errónea.

- Cuentas de crédito: informes de bancos, instituciones financieras y empresas con respecto a las cuentas que tengas con ellos, tu límite de crédito, tu saldo y tu historial de pagos.
- Solicitudes de crédito: información sobre todas las veces que una persona u organización haya solicitado tu informe crediticio en los últimos 2 años cada vez que tú les hayas solicitado un crédito.
- Registros públicos y cobranzas: estos son registros locales sobre tus bancarrotas, anexos, demandas, embargos de sueldos, gravámenes de propiedad y juicios.

Capítulo 4: Tarjeta de crédito

Todos deseamos adquirir una tarjeta de crédito o ya tenemos una en nuestro poder, ¿Pero que es el crédito? ¿A qué llamamos tarjeta de crédito? Por crédito debemos entender que es una operación financiera en la que se pone a nuestra disposición una cantidad de dinero hasta un límite especificado y durante un período de tiempo establecido. Es un derecho presente, a pago a futuro. Crédito es confianza; en negocios, es la confianza dada o tomada a cambio de dinero, bienes o servicios.

En el caso de la denominada tarjeta de crédito esta es emitida por la entidad bancaria de tu preferencia, permitiendo realizar múltiples operaciones en distintos establecimientos que utilicen la marca de la tarjeta. Al obtener una, nos permite agilizar las formas de pago de cualquier tipo de producto que necesitemos o deseemos, puede ser tanto en territorio nacional como internacional siempre y cuando las marcas asociadas a tu tarjeta de crédito sean marcas de pago líderes en el mundo.

Las tarjetas de crédito están hechas de un material plástico muy resistente, además de tener medidas de seguridad que garantizan su validez como lo es la identificación pertinente, la banda magnética e incluso el chip que se incorporó en las tarjetas de forma obligatoria hace unos años como medida prevención en caso de clonación, robo o estafa de la misma.

Las tarjetas de crédito son utilizadas como una opción de pago en muchas ocasiones, pero esta no debería sustituir las formas de pago tradicional como lo es el efectivo, ni mucho menos ser utilizada de forma desenfrenada, ya que a medida que utilizamos la línea de crédito disponible se convertirá en una deuda por pagar, que podrá cobrarse de forma directa o en cuotas, esto según se haya analizado el valor porcentual de la tasa de interés de compras emitidas de acuerdo al tarifario del banco. Es muy importante saber que las tasas de interés de compras son muy distintas a las tasas de interés de retiro de dinero en efectivo, que solo algunas tarjetas suelen tener esta opción.

Se debe estar muy consciente de que las tarjetas de crédito no son extensiones del sueldo ni dinero adicional, son un método de pago que brinda beneficios y como todo instrumento financiero, tiene un costo y una alta responsabilidad que debe ser asumida por el tarjetahabiente. El secreto del éxito es tener clara la capacidad de endeudamiento. Para muchos, el plástico es el inicio de su vida crediticia, por lo que mantener un buen record (hacer uso inteligente de su crédito) es importante para su vida laboral, familiar y financiera.

La mejor forma y la más responsable de utilizar una tarjeta, es teniendo el conocimiento de varios puntos importantes cuando adquieres o planeas tener una:

Conocer el ciclo de facturación:

Al realizar una evaluación para adquirir una tarjeta de crédito, el funcionario del banco tiene el deber de preguntarte los días en los cuales tú tienes solvencia económica, es decir, tienes la posibilidad para realizar los pagos correspondientes a la deuda que has acumulado utilizando la tarjeta y de acuerdo a ello asesorarte para conocer qué día será tu fecha de facturación y un aproximado de tus próximas fechas de pago.

Conocer el tarifario de tu tarjeta de crédito:

Dependiendo del tipo de tarjeta y categoría que tengas, dependiendo de tu solvencia económica, deberás conocer las tasas de interés tanto anuales, como mensuales. Esto te servirá como guía, para saber si colocarás tu compra de forma directa o en cuotas.

Es recomendable, no colocar importes bajos o fáciles de pagar en cuotas, ya que por cada cuota se genera un interés mensual, que al final de cuentas el valor del producto adquirido te cuesta el doble. Así mismo, saber que si colocas un producto con el compromiso de pagarlo de forma directa o en una sola cuota, esto quiere decir, sin generar ningún interés. Deberás pagarlo en la fecha pactada, porque de no ser así vas a incurrir en mora, este interés generará intereses diferidos que según el tarifario, pueden ser intereses más elevados que los de la tasa de interés de compras.

Conocer el monto de penalidad en caso de mora:

Cuando incumples en la fecha de pago se sumará un interés esto según la entidad bancaria en la que pertenezcas, ya que esto suele ser un porcentaje de la cuota mínima, teniendo un rango del importe mínimo y máximo a cobrar.

Conocer la membrecía anual a pagar o el importe de consumo mínimo para la exoneración:

Algunas tarjetas de crédito no cobran membresía anual, pero otras sí, en este caso, se debe conocer con qué importe uno puede evitar pagar la membrecía, que se puede considerar como el pago por utilizar la marca de la tarjeta y sus diversos beneficios que trae consigo, siempre hay que considerar el tipo de plan y servicio son los que necesitas para a la hora de adquirir una tarjeta de crédito se adapte mejor a tu ritmo de vida.

Conocer el seguro de desgravamen que cobran mensualmente las entidades bancarias de forma obligatoria:

Esto solo es en caso de fallecimiento o algún accidente o enfermedad que te imposibilite a realizar las funciones básicas o laborales que te permitan poder sustentarte económicamente, es decir, en el momento en que no puedas generar un ingreso para cancelar tus pagos podrá algún familiar directo solicitar información en la entidad bancaria sobre el seguro de desgravamen y cómo ejercerlo, a fin de asumir los gastos de la persona titular de la tarjeta de crédito.

Llevar un control de los gastos efectuados con la tarjeta de crédito:

Sirve para ello, tener los estados de cuenta impresos o llevar un control con una hoja de Excel. Si recibes tu EECC por correo electrónico, muchas veces solemos recibir tanta información que no logramos ver el

EECC a tiempo, suele ser también la forma más económica, debido a que el envío tiene un costo extra, pero lo que se puede considerar para evitar ello, es tener una fecha prevista para imprimir o realizar el cuadro de Excel. Esto se debe considerar unos 5 días después de tu fecha de facturación, debido a que el día que factures tu tarjeta es el día en el que el banco realizará la recopilación de tus compras en tu EECC y lo precisará en el sistema.

Sobregiro

Tener en cuenta que algunas tarjetas de crédito tienen la opción de poder sobregirarse, para conocer mayor detalle de ello, debes conocer tu línea de crédito disponible y tener un control de tus gastos. El sobregiro puede salvarte en ocasiones cuando no tienes el dinero suficiente para poder comprar algo, pero después en tu EECC podrás ver el cobro de ello y el interés que cobra la entidad.

No gastes más de lo que ganas:

A Pesar de que coloques el consumo en cuotas, ya habrás utilizado gran cantidad de tu línea de crédito y en caso de una emergencia no tendrás la solvencia económica para pagar la totalidad facturada en tu tarjeta y la emergencia. Y si la tuvieras, el siguiente mes podría volver a suceder ello y estarías en un círculo de deudas de nunca acabar.

De acuerdo a estos puntos ya expuestos, uno mismo puede tener un orden al comprar un producto con una tarjeta de crédito, sin embargo no solo debemos considerarlo, sino que debemos tener mucho cuidado con el uso de este plástico tan conocido por los estafadores.

Usualmente las principales medidas de seguridad que debes tener son las siguientes:

- Solo el titular de la tarjeta de crédito debe conocer el PIN para retiro de dinero o cuando algún establecimiento se lo solicite.

- No perder de vista tu tarjeta de crédito, ya que basta con saber tus datos completos, fecha de vencimiento de la tarjeta y código de seguridad para poder efectuar una compra en línea en alguna tienda o registrarla en una aplicación.
- Si se te extravía tu tarjeta, es recomendable bloquearla de inmediato, a pesar de ser tan solo una pérdida, una tarjeta de crédito en manos equivocadas puede realizar un sin fin de compras en unos minutos.
- Si visualizas en tu EECC un consumo que no reconoces, debes bloquear tu tarjeta y emitir un reclamo por consumos no reconocidos a la entidad bancaria, según el plazo estimado para un reclamo, ellos realizarán las verificaciones y te enviarán una notificación o carta de respuesta, dando a conocer el detalle del consumo y respuesta del caso, de no encontrarse conforme con la respuesta emitida por el banco, puedes realizar una apelación.

- Desactivar la opción de compras por internet de tu tarjeta de crédito, esto impide que a pesar de que conozcan terceras personas tus datos e información de tu tarjeta, el mismo sistema del banco impida que se realicen las compras. La única persona autorizada para poder activar esta opción es el titular y con la medidas adecuadas de reconocimiento para efectuarlo.
- Desactivar la opción de compras y uso en el exterior de tu tarjeta de crédito, al igual que el punto anterior esta opción te permitirá tener más seguridad. Se recomienda que si viajas, lo actives con fechas exactas y menciones que se registren los países en los cuales utilizarás la tarjeta.

TIPOS DE TARJETAS DE CRÉDITO

Existen diversos tipos de tarjetas de crédito, comenzando con las marcas de pago líderes en el mundo, como lo son:

- Visa
- Mastercard
- American Express
- Diners Club

Y también de acuerdo a la categoría de tarjeta de crédito que adquieras, según tus ingresos mensuales, las más comunes son:

- Clásica
- Gold
- Platinium
- Signature
- Infinite

Pero a medida que la demanda por estas tarjetas se dio, cada marca líder de pagos creó nuevas versiones de estas categorías de tarjetas, siendo únicas y con características y beneficios diferentes.

Capítulo 5: ¿Cómo obtener una tarjeta de crédito?

Algunas entidades financieras, solicitan como requisito que la persona que desea adquirir una tarjeta de crédito, tenga con ellos una cuenta pasiva, es decir, una cuenta de ahorros, cuenta sueldo o un depósito a plazo fijo. Cabe mencionar que esto no es un requisito, pero ayuda a que la entidad financiera pueda tener un conocimiento previo de tus ingresos y pueda facilitar la adquisición de una tarjeta. Los requisitos para poder obtener una, son dependiendo lo solicitado por el banco, pero a continuación se dará a conocer los más esenciales.

- Tener la mayoría de edad:
  En algunos casos, algunas entidades bancarias, solicitan una edad exacta para adquirir una tarjeta de crédito.
- Tener solvencia económica:
  Se debe demostrar que generas ingresos mensuales y que no

sobrepasas tu capacidad de sobreendeudamiento. Puedes adjuntar tus boletas de pago, recibos por honorarios u otros medios que sustenten tu economía. Mientras más años tengan laborando en una empresa, menor es el riesgo para la entidad bancaria, lo que ayuda en la evaluación crediticia.

- Tener un buen historial crediticio:
Si eres una persona que ha tenido antes una tarjeta de crédito y se ha atrasado en sus pagos por unos 4 a 6 meses, déjame decirte, que no tienes un buen historial crediticio y será muy complicado obtener una tarjeta de crédito, por el riesgo que representa ello. Pero si eres una persona que recién está empezando con la bancarización y obteniendo su primera tarjeta, en hora buena, tienes los consejos adecuados para evitar ser reportado en las centrales de riesgo.

- Tener un Aval:
Si estás con una mala categoría en la central de riesgos, pero pagaste la totalidad de tu deuda con esa entidad

financiera y aún no se actualiza el sistema. Puede que te soliciten un Aval y tu carta de no adeudo, como garantía del préstamo a dar.

Estos son solo algunos de los requisitos que solicitan las entidades bancarias, sin embargo ya dependerá de la evaluación crediticia que realicen, analizando muchos más puntos.

Capítulo 6: Ventajas y Desventajas de las Tarjetas de Crédito

El uso de tarjetas de crédito se encuentra en constante aumento, pero aún hay muchas personas que están en contra de ellas y otras a las que simplemente una tarjeta de crédito no les despierta interés alguno, pero ¿es bueno tener tarjeta de crédito? ¿Qué tan conveniente es ir por la vida sin una?

Sin embargo, las tarjetas de crédito también son una de las formas más sencillas para obtener bienes y servicios de forma instantánea y en caso que nos falte el efectivo que existen, además de proporcionar beneficios únicos que no encontrarás en otro tipo o formas de pago (como el **débito** o el efectivo).

Debido a la demanda de las tarjetas de crédito en el mundo, se incrementó los beneficios que estas brindan a las personas. Muchos de estos nos permiten vivir experiencias más placenteras y ahorrar dinero, además de ser un método de pago más seguro, que llevar efectivo.

Como cualquier crédito, las tarjetas tienen sus ventajas y desventajas y, en gran medida, su conveniencia depende de las necesidades particulares y el estilo de vida de cada persona, por todo lo antes expresado paso a señalarte algunas de las principales ventajas y del mismo modo desventajas que puedas tener por el uso de tarjetas de crédito.

Ventajas:

- Ya no tendrás en tu billetera cantidades enormes de efectivo, ni correrás el riesgo de perder tus ahorros en ese producto que tanto querías comprar.
- Cuentas con una amplia capacidad de servicios que puedes cubrir con el sistema crediticio. Para hacer reservaciones de hotel o rentar un vehículo es casi indispensable contar con una tarjeta de crédito, ya que actúa como una garantía. De nuevo, la tarjeta

no es necesariamente una forma de financiamiento, sino un pase de acceso a servicios tan sencillos como los que mencionamos.

- Liquidez inmediata siempre que lo necesites. Si usas responsablemente el crédito, una tarjeta te garantiza tener dinero disponible en el momento en que lo necesitas.

- Puedes diferir el valor de la compras mensuales con o sin intereses, de esta manera podrás planificar tus gastos según tus ingresos y así decidir qué pagos realizar con tus ingresos y cuáles serán pagado con el crédito bancario de tu tarjeta.

- Cuentas con la posibilidad de extender tarjetas de crédito a tus familiares o socios para un mayor control de los gastos.

- Puedes acceder al avance de efectivo en momentos de apuros. Lamentablemente no todos los préstamos que hay en el mercado son tan rápidos, a veces tienes que esperar días para que te resuelvan y, en caso de una emergencia, eso no es una opción.

- Seguridad ante robo. Si te roban tu cartera o se te pierde no hay manera de recuperar el efectivo que llevabas en ella, sin embargo, basta con un llamada para cancelar tus tarjetas para evitar que alguien más se gaste tu dinero. Además, los bancos ofrecen un seguro contra fraude que te respalda en caso de que tu tarjeta sea usada sin tu autorización. Este también es un beneficio que puedes obtener al usar tarjetas de débito en lugar de efectivo.

- Se puede optar a las compras en líneas de forma instantánea. El internet nos ha abierto las puertas a prácticamente cualquier tipo de comercio con tan sólo unos clics. Aunque actualmente son cada vez más las tiendas en línea que te permiten hacer tus pagos en tiendas de conveniencia o depósito bancario, es mucho más rápido y cómodo comprar y pagar desde la comodidad de tu casa, desde el súper a domicilio hasta los zapatos que te encantaron al otro lado del mundo. Además, también puedes hacer el pago de tus servicios (agua, electricidad, teléfono, internet, etc.) a través de internet, o bien, domiciliarlos para que se carguen automáticamente a tu tarjeta. Así, en lugar de preocuparte por la fecha y el monto de pago de cada servicio sólo te ocupas del pago de tu tarjeta.

- Acceso a promociones exclusivas, seguramente te ha tocado ver promociones que son válidas únicamente con tarjeta de crédito. El uso de una tarjeta no siempre va de la mano con la falta de liquidez. Aún si cuentas con el dinero para hacer un pago de contado puedes utilizar una tarjeta de crédito para obtener descuentos u otras promociones; ni siquiera tienes que endeudarte, una vez que hayas hecho válida la promoción puedes pagar inmediatamente tu tarjeta de crédito con el dinero que ya tienes si es que eso te preocupa. Programas de recompensas: puntos y millas, al hacer prácticamente cualquier pago con tu tarjeta de crédito acumulas puntos que, dependiendo de las promociones de tu banco, puedes usar para comprar productos, vuelos, viajes, obtener descuentos o hacer pago en algunos establecimientos, una ventaja que ninguna otra forma de pago te ofrece. Si, simplemente cambias tu forma de pago del débito o el efectivo al crédito (sin siquiera gastar más de lo necesario) ya estarás obteniendo beneficios.

- Crear historial crediticio, prevé necesidades a futuro. Tal vez en este momento no necesitas de una tarjeta de crédito para financiar tus compras o no te interesan los beneficios inmediatos como todos los que ya mencionamos, pero el buen manejo a largo plazo de tu tarjeta de crédito te permitirá crear historial crediticio, el cual es en muchos casos indispensable para que puedas obtener grandes créditos como los hipotecarios, automotrices o de negocio. Aunque en el día de hoy no se encuentren dentro de tus planes, quizá el día de mañana sí los necesites.

- Obtener acceso a compras grandes en pagos diferidos sin que afecte tus gastos mensuales ¿Qué pasa cuando de pronto necesitas un nuevo refrigerador o una computadora? Hay miles de opciones de productos usados a bajo costo pero ¿y si quieres uno nuevo? Si no tienes ahorros es probable que tengas que utilizar el crédito que te ofrece la tienda, eso de pagos semanales chiquititos que tardas años en liquidar y con altas tasas de interés. Si cuentas con una tarjeta de crédito, es muy probable que encuentres promociones de pagos a meses sin intereses de forma que ni tienes que hacer un gran desembolso que no tenías planeado, ni tienes que pagar intereses por tu financiamiento.

Desventajas:

- Se compra más por impulso. Es tentado a comprar con dinero inexistente en su cuenta bancaria.

- Se pagan intereses de más, dependiendo el número de cuotas al que se difiere una compra.
- Tasas de interés altas o muchos países sin plazo fijo.
- Cobro de cuota por el manejo del plástico.
- Si su historial de crédito se empobrece, por mora, su calidad de vida se verá afectada al no poder acceder a futuros planes crediticios, impidiendo a su vez la meta de obtener una hipoteca, un préstamo para un auto, incluso cobertura médica.

Por supuesto todo los puntos antes señalados van a depender del buen uso o mal uso que le des a tu tarjeta de crédito y por supuesto el simple hecho de tener una tarjeta de crédito implica que debes contar con ingresos fijos mensuales o algún ingreso que le sirva como soporte para poder contar con recursos financieros que permitan cubrir los compromisos adquiridos.

Como puedes, ver una tarjeta de crédito tiene grandes beneficios, ya sea que la utilices de forma regular para tus gastos cotidianos o que sea un respaldo en caso de emergencias. Además es importante considerar que si te piden historial crediticio y aún no cuentas con él, recuerda que el uso de la tarjeta de crédito te puede ayudar a construirlo.

Si después de leer esto decides probar sus beneficios para comprobar si es bueno tener tarjeta de crédito recuerda que la clave, además de ser responsable con tus pagos, está en comparar diferentes tarjetas de diferentes bancos, sus costos y sus beneficios para elegir la que más te convengan.

Capítulo 7: ¿Cómo superar las deudas en tu tarjetas de crédito?

Ahora bien, si ya tienes tu tarjetas de crédito y has incurrido en gastos mayores que tus ingresos, por supuesto que los pagos de las cuotas mensuales serán difíciles de cubrir sin afectar el presupuesto necesario para el mantenimiento de tus gastos básicos como de los gastos variables los cuales son de vital necesidad para tu subsistencia. Es en este punto que requerirás del diseño de un plan para salir de las deudas que te aquejan, de manera que no afecte tus requerimientos y puedas recuperar tu historial crediticio.

En tal sentido, puedes tomar en cuenta las siguientes sugerencias si quieres salir de las deudas de tus tarjetas de crédito:

1. Definitivamente debes suspender el uso de las tarjetas de crédito, principalmente de

69

aquellas que te exigen mayor pago de intereses. No dudes en emplear una tijera para cortarlas por medidas de seguridad y de libertad es mejor no tener lo que no se va a usar.

2. Por supuesto no debes dejar de pagar la cuota mensual de tus tarjetas de crédito y si es necesario para alcanzar tal fin acude a las agencias financiera y bancarias para solicitar la renegociación de la deuda pudiéndose acordar pagos mensuales que permitan amortizar la deuda.

3. De tener extensiones de tu tarjeta de crédito debes eliminar el uso temporal o definitivo de esas tarjetas de créditos a tus familiares o socios, todos saldrán beneficiados sobre todo tu historial crediticio.

4. Debes dar prioridad a tus gastos y si es necesario para tu trabajo tan solo permite tener las tarjetas de crédito que te rindan

mayores beneficios y puedas obtener ofertas en casos de tener que viajar por cuestiones exclusivamente de trabajo.

5. Al no poder financiar los pagos de tus tarjetas de forma puntual y tus ingresos no lo permitan, opta por realizar trabajos alternativos que te permitan obtener nuevos ingresos. No cometas el error de incurrir en nuevas deudas para pagar la que ya tienes.

6. Los gastos suntuosos y de ocio o recreación que usualmente sumabas al crédito de tus tarjetas deberás suspenderlos por el tiempo que dure la recuperación crediticia o el pago de las deudas por morosidad.

7. Al momento de emprender de nuevo el uso de las tarjetas de crédito investiga e infórmate apropiadamente de la tasa de interés, los impuestos que requieren y emplea aquellas que realmente sean de tu utilidad, en

este punto siempre menos es más.

El compromiso que adquieres con tu historial crediticio es solamente tuyo y de tu responsabilidad por tanto no pienses que habrá soluciones mágicas que te saquen de los excesos cometidos.

Recomendaciones finales:

- Recuerda la recuperación de tu historial crediticio va a depender del grado de compromiso que tengas, controlando tus finanzas. Debes programar tus gastos realizando un presupuesto donde puedas, según tus ingreso, distribuir los pagos de tus gastos.

- Debes asumir arreglar tu crédito tú mismo, si delegas esta función no cambiarás tus hábitos de consumo y por ende seguirás con gastos sin control que ponen en riesgo y evitan que recuperes tu historial crediticio. Y sobre todo no le pagues a una agencia de reparación de crédito para hacer el trabajo que solo es de tu responsabilidad, además de que estas agencias suelen emplear tácticas ilegales o poco confiables. Quizás puedas terminar teniendo más problemas que beneficios.

- Debes estar atento con las fechas de vencimientos de tus pagos, toma en cuenta que aunque pagues tus deudas en su totalidad todos los meses, en tu estado de cuenta de todas formas podría figurar que debes una determinada cantidad. Así que, presta atención a los plazos que se han fijado y en los que debes realizar los pagos y hazlo antes de que se te envíe el estado de cuenta.

- Limita el uso y apertura de cuentas en comercios ya que esto afecta negativamente a tu calificación crediticia a corto, mediano y largo plazo. Emplea sólo las tarjetas de créditos obtenidas en agencias financieras y bancarias de amplia credibilidad. Además, toma en cuenta el no usar más de un tercio de tu línea de crédito a menos que tengas la seguridad de poder pagarlo en su totalidad ese mismo mes. No dejes deudas para los próximos meses, pensando que podrás pagarlo con un ingreso que no es fijo.

- Muchas empresas fingen ofrecer informes crediticios gratuitos, pero cobran por sus servicios de monitoreo. Estas empresas te incitan a inscribirte para recibir un informe gratuito, te piden tu tarjeta de crédito y automáticamente te cambian a un servicio pago después de un periodo de prueba. Por tanto, si no cancelas tu suscripción dentro de este periodo, te cobrarán todos los meses por sus servicios.

- Toma en cuenta que debes conocer el sistema de calificación que manejan las agencias bancarias de tu país. si necesitas datos concretos sobre las agencias de información crediticia locales u otros aspectos de las calificaciones crediticias en el lugar en donde vivas, consulta con las agencias relevantes de tu país.

- La realidad financiera va a ser cambiante en cada país y por supuesto las condiciones económica en algunos países a veces puede resultar desfavorable sobre todo para los empresarios de la micro y pequeña empresa, ya que al no poder acceder a créditos bancarios, se ven obligados a recurrir a los prestamistas informales, debilitando su capacidad financiera y económica, debido a que las tasas de interés que cobran tienden a subir constantemente, muchas veces superando las tasas de rentabilidad que generan sus negocios, y en vez de ayudar a crecer, muchas veces terminaban descapitalizándolos. Ante esto es preferible acudir a personas confiables o entes del estado en busca de apoyo crediticio o refinanciamientos.

Libro 2: Cómo Mejorar Tu Historial Crediticio

Estrategias Probadas Para Reparar Tu Historial Crediticio, Cómo Incrementarlo y Superar La Deuda de Tarjeta de Crédito

Volumen 2

Por

Income Mastery

Capítulo 1: Historial Crediticio

¿Qué es un historial crediticio?

Su historial de crédito muestra cómo ha administrado sus finanzas y cómo ha ido pagando sus deudas en el tiempo. Su informe de crédito personal es una lista de la información en su historial crediticio el cual comienza en el primer momento en el que solicita un crédito. A partir de ese momento, cada vez que solicite una tarjeta de crédito o préstamo, la información se agregará a su historial crediticio. El componente más importante de su informe de crédito es si realiza sus pagos a tiempo.

Para predecir su futuro financiero, muchas empresas observan su historial de crédito a través de su informe de crédito. Un historial de crédito es un perfil dentro de un informe de crédito que muestra cómo una persona manejó su dinero en el pasado.

Puede incluir información como:

- ¿Con qué rapidez ha pagado las tarjetas de crédito y préstamos?
- ¿Cuán confiablemente ha pagado otras facturas, como el alquiler y utilidades?
- Sus deudas pendientes totales.
- Su crédito disponible en hipotecas, tarjetas bancarias, préstamos para automóviles y otras líneas de crédito.

El historial crediticio es un determinante clave de quién puede salir adelante financieramente y quién no. Si bien fue originalmente destinado a ser utilizado por los prestamistas para evaluar si se aprueba o no un consumidor para un nuevo crédito, el historial crediticio actualmente se usa para muchos fines no crediticios. Aunque los informes de crédito pueden ser una buena fuente de información con respecto al reembolso del préstamo y al historial de préstamos, existen pocos vínculos entre el historial de crédito y algunos de sus solicitudes más recientes, como conseguir un trabajo, alquilar una casa u obtener un seguro médico.

No tener historial crediticio puede conducir a la pérdida de oportunidades, el historial de crédito ahora se usa con frecuencia como un filtro para una variedad de fines no crediticios; esto incluye vivienda, empleo, tarifas de seguro, servicios públicos, autorizaciones de seguridad y servicios de salud asegurados. Esta puede conducir a una pérdida significativa de oportunidades de creación de riqueza, junto con un aumento de los eventos que agotan la riqueza, como el mayor uso de servicios financieros alternativos o deudas relacionadas con la salud. Muchos empleadores usan el historial de crédito como una forma de evaluar el potencial empleado. La Sociedad para la Gestión de Recursos Humanos encontró el 47% de los empleadores realizan verificaciones de crédito de los solicitantes de empleo. Una amplia gama de puestos, desde puestos financieros de alto nivel hasta trabajos de mantenimiento pueden requerir una verificación de crédito. Los empleadores pueden eliminar de la contratación a los solicitantes con problemas de crédito a pesar de que no hay evidencia de un vínculo entre el mal crédito y el mal desempeño laboral.

En buen crédito juega un papel importante en su vida financiera. No solo es esencial para calificar para un préstamo u obtener una tarjeta de crédito, sino también para obtener servicio de telefonía celular, alquilar un automóvil y tal vez incluso conseguir un trabajo.

Un historial crediticio corto puede tener un negativo afectar su puntaje, pero un historial corto puede ser compensado por otros factores, como pagos puntuales y saldos bajos.

La información sobre su historial de crédito es recogido rutinariamente por organizaciones llamadas burós de crédito. Cada agencia de crédito tiene su propia recopilación de datos sobre cada persona, que generalmente incluye información personal, colecciones de información, información de registros públicos e información sobre el historial de pagos y deudas pendientes. Tomados en conjunto, todo esto la información sobre usted se hace su historial crediticio.

Factores que influyen

Se utilizan muchos factores para analizar su historial crediticio:

- Su historial de pagos.
- El monto adeudado.
- Tiempo de uso de crédito.
- ¿Con qué frecuencia solicita un nuevo crédito y asume una nueva deuda?
- Los tipos de crédito que usa actualmente, como tarjetas de crédito, cuentas minoristas, préstamos a plazos, cuentas de compañías financieras e hipotecas.

Es importante tener en cuenta que su nivel de ingresos no es un factor considerado al analizar su historial crediticio. Alguien con un alto nivel de ingresos, por ejemplo, puede tener un bajo puntaje de crédito, mientras que alguien con un bajo nivel de ingresos podría tener un alto puntaje de crédito. Todo depende del uso del crédito y los factores descritos anteriormente.

Importancia

Un buen historial crediticio aumenta la confianza de aquellos en una posición para prestarle dinero, como prestamistas y acreedores. Cuando ellos observen que usted ha pagado su préstamo según lo acordado, es más probable que los prestamistas le otorguen nuevamente un crédito. Vas a ser visto como una persona que cumple con su acuerdo. Con un buen crédito, puede pedir prestado para futuros gastos mayores, como un automóvil, casa o educación, y puede pedir prestado dinero a un costo menor.

En términos generales, cuanto mejor sea su crédito, menor será el costo de obtener ese crédito generalmente en forma de tasas de interés y tarifas. Eso significa que tendrá más disponibilidad para ahorro y gasto. Los prestamistas tendrán más confianza en su capacidad y compromiso de pagar el préstamo a tiempo y en su totalidad.

Sin embargo, si su historial crediticio no es sólido, usted deberá pagar intereses más altos, tasas, tarifas y tiene menor oportunidad de obtener dinero para ahorros y gastos. Con el tiempo, tasas y tarifas más altas se traducen en la pérdida de miles de dólares de ahorro potencial.

La tasa que pagará por un préstamo generalmente está determinada por su informe de crédito y puntuación de crédito. Los prestamistas suelen otorgar préstamos "A" para personas con buenos y excelentes créditos, o que hayan realizado pagos según lo acordado durante los últimos 24 meses. Estos préstamos generalmente tienen la tasa de interés más baja. Los prestamistas califican "B" o "C", o préstamos "de alto riesgo" para personas con problemas de crédito ya sean pasados o actuales, como retrasos de pagos. Estos préstamos generalmente tienen tasas de interés más altas.

¿Qué es un crédito?

El crédito es un acuerdo que se hace con una empresa o individuo para recibir bienes, productos o servicios que serán pagados a futuro. Es una medida de su fiabilidad financiera y se puede utilizar para compras pequeñas o grandes. Préstamos, que a menudo se basan en el crédito e implican dinero prestado que se tiene que devolver en este caso con intereses.

Aunque la palabra crédito a menudo describe la confianza de un prestamista en un préstamo particular, el término también suele referirse a las formas particulares en que esta confianza permite que el dinero cambie de manos. Por ejemplo, tanto tarjetas de crédito como hipoteca de hogar, se consideran formas de crédito.

Tipos de créditos

- El crédito rotativo permite a un consumidor pedir repetidamente prestado hasta una cantidad predeterminada por cada mes, siempre que su cuenta permanezca en buen estado. Este tipo de crédito puede ser no garantizado, como con una tarjeta de crédito, o asegurada, como con una línea de crédito hipotecando una casa, que requiere un activo concreto para respaldar su promesa pagar. Ejemplos de crédito rotativo son: tarjetas de crédito y líneas de crédito.

- El crédito a plazo consiste en préstamos que se pagan con el tiempo, generalmente en una serie de pagos fijos. Ejemplos de este tipo de crédito son: préstamos para automóviles, hipotecas de viviendas, préstamos estudiantiles, préstamos personales, préstamos de mejora de vivienda y préstamos para compra de terrenos.

Un mal crédito

Para muchas personas ser marcadas por un mal riesgo crediticio es como ser condenadas al ostracismo por la sociedad, ¡la misma sociedad que prospera a crédito! ¡Qué contradicción! Una vez que esta mala etiqueta de crédito es otorgada a su persona, internamente los daños son profundas.

El problema es exagerado. Esto se ve confirmado por las estadísticas que regularmente publican las autoridades federales donde casi el 40 al 45 por ciento de las personas poseen un mal crédito. Una vez que se observa el mal crédito, las puertas que antes estaban abiertas ya no son lo mismo. Esa es la desventaja del mal crédito.

Lo que una persona con mal crédito necesita entender es que no es el fin del mundo. Esas dos palabras solo significan que los futuros proveedores deben tener cuidado al tratar con usted.

Existe un montón de personas y empresas que saben cómo reparar una situación de mal crédito. Hay una amplia gama de libros disponibles, desde lo simple hasta lo complejo, que al menos educan, ayudan a las personas al respecto, y los diversos pasos que podrían tomarse para superarlo.

Si usted se encuentra en esta situación es porque el número de personas que tienen mal crédito también es grande. Si bien puede que no te consuele estar entre este grupo de personas, al menos no estás solo en ella. Autocompasión y sentirse avergonzado no ayuda.

Tipos de puntaje crediticio

- Puntajes bajos

Las personas con puntajes que oscilan entre 300 y 549 se consideran prestatarios de alto riesgo. Tener estos puntajes hace que sea difícil obtener aprobación para líneas o crédito, préstamos o financiamiento para una casa. Si los prestamistas le extienden su crédito, probablemente será a tasas de interés de alto riesgo, lo que significa que pagará el riesgo que representa. Este puntaje más bajo también puede ser un factor que los empleadores potenciales pesarán a considerarlo para un nuevo puesto.

- Puntajes de rango medio a superior

Las personas con puntajes que van de 550 a 649 son prestatarios de riesgo moderadamente alto. Debido a que estos puntajes aún tienen un margen de mejora, las tasas de interés seguirán siendo altas y las líneas de crédito bajas. El puntaje de crédito promedio nacional es de alrededor de 660. Los consumidores que consideran buenas inversiones para los prestamistas son aquellos con puntajes que van de 650 a 799. Debido a que las agencias bancarias con estos puntajes tienen pocas fallas en su historial crediticio, solo los pagos perdidos aquí y allá o un alto índice de crédito, son elegibles para tasas de interés competitivas.

- Puntajes óptimos

Las personas con puntajes en el rango de 800 a 850 son una excelente inversión para los prestamistas. Los prestatarios en este rango pueden obtener un préstamo, comprar un automóvil o financiar una casa con facilidad. Son elegibles para las tasas de interés más bajas disponibles. Una vez que las personas utilizan el crédito que han ganado, es importante que continúen manteniendo buenos hábitos, especialmente porque el simple acceso a grandes sumas de dinero conlleva una mayor responsabilidad.

Capítulo 2: ¿Cómo reparar tu historial crediticio?

El uso de tarjetas de crédito a veces causa problemas a las personas. Esto puede deberse a supervisión u otros problemas financieros o emergencias que pueden interponerse en el pago de las tarjetas de crédito. Es bastante simple reparar un historial crediticio, esto requiere algo de tiempo y un poco de trabajo para reparar el mal crédito.

La mala situación de crédito es la peor situación en la vida, esto no solo obstaculiza su vida actual, sino también afecta su futuro prospecto de obtener un préstamo.

Si usted fue o no un buen riesgo crediticio en el pasado, este es considerado como el mejor indicador de cómo va a reaccionar a una deuda en el futuro. Por esta razón, la demora en el pago, incumplimiento de préstamos, falta de pago de impuestos, bancarrotas y otras responsabilidades de deuda insatisfechas contarán en su contra aún más. No se puede hacer mucho por su pasado financiero, pero comenzar a pagar sus facturas a tiempo, comenzando hoy, puede ayudarlo a aumentar su puntaje de crédito en el futuro.

Factores que conducen a la mala situación crediticia

No hay una sola razón para entrar en una mala calificación crediticia. Algunas de las causas fundamentales de esto son las siguientes:

- El gasto excesivo es el factor más crucial que conduce a la situación de un mal historial crediticio.
- Las diferentes situaciones inevitables como problemas de salud, desempleo y otros problemas financieros también tienen una incidencia en un historial crediticio.
- El incumplimiento de pago a tiempo también afecta el historial de crédito.

Tipos de reparación de crédito

Reparación de crédito a través de la consolidación de deuda

Aunque el estado económico y la situación de todos son diferentes, casi todos hemos estado de alguna manera en deuda en algún momento dado. Esto puede significar pequeñas deudas como facturas de tarjetas de crédito o financiamiento en la tienda, así como los más grandes, préstamos e hipotecas pendientes. Lo que esto significa es que casi todos dependen de que se les permita una cierta cantidad de crédito, y sin crédito muchas de las cosas que das por sentado se volverán difíciles. Una vez que se evidencia una falta de incumplimiento, o fallas en algún pago a las agencias, su agencia de crédito recibirá un aviso y usted se encontrará con una mala calificación crediticia. La reparación de crédito efectiva implica muchos pasos diferentes, y es particular dependiendo de la situación de cada individuo. Una buena solución para la mayoría de las personas en términos de reparación de crédito, es la consolidación de deuda.

Una de las cosas más importantes en la reparación de crédito es actuar rápidamente. Aunque su calificación crediticia se dañará tan pronto como comience a perder los pagos a sus acreedores, obtendrá peores cosas si continúas haciéndolo. Muchas personas se confunden al pensar si el tener un crédito es bueno o malo y una vez que se encuentran en problemas con un acreedor es inútil intentar rectifícalo. Sin embargo, todo lo contrario es cierto, por lo que incluso si está en mal estado con los acreedores, la reparación requiere que paguen sus deudas lo más rápido posible.

El problema, por supuesto, es que probablemente no tenga el dinero para pagar las deudas, después de todo, su situación económica probablemente fue la razón de los atrasos en los pagos. Por esta razón, la consolidación de la deuda puede ser una herramienta excelente en la reparación del crédito. Funciona al consolidar todas sus deudas en un solo préstamo. En otras palabras, si tiene múltiples deudas pendientes de pago, usted toma un préstamo de una compañía, usa ese préstamo para pagar las deudas y luego hace pagos únicamente a este nuevo préstamo.

La consolidación de deuda permite cierta flexibilidad en situaciones donde su deuda se está convirtiendo inmanejable aunque en última instancia deberás la misma cantidad de dinero, podrías endeudarte a largo plazo, de esta manera sus pagos mensuales disminuirían. Aún más importante, la consolidación de deudas lo coloca inmediatamente en una posición sólida con sus acreedores, y finalmente un buen augurio para la reparación de crédito. Las cosas no serán perfectas, pero sus acreedores informarán que usted canceló sus deudas, y así el proceso de reparación de crédito puede comenzar rápidamente.

La consolidación de deuda es una herramienta importante en la reparación de crédito porque permite que su estado financiero con los acreedores cambie muy rápidamente ya que pasas de alguien en malos términos con múltiples acreedores a alguien en buenos términos con uno solo. Además, te permite detener el daño antes de que las cosas se pongan fuera de control, y te brinda el espacio que necesitas para respirar después de realizar una reparación de crédito. Es por lo mencionado que esta manera inteligente de consolidación de deuda es una herramienta valiosa en la reparación de crédito.

Consolidación de deuda

Una consolidación de deuda en otras palabras, es un préstamo que es sacado para pagar otros préstamos más pequeños, u otros tipos de deuda, reduciendo así el número de pagos realizados en un mes, así como el monto pagado mensual. Personas que se encuentran bajo una inmensa presión ocasionada por una deuda, a menudo buscarán un consolidado de deuda para ayudar a aliviar sus obligaciones mensuales.

Beneficios

- Todas sus deudas pendientes estarán pagadas.
- Solo tendría un préstamo para pagar.

94

- Hay un poco más de ingresos disponibles en su presupuesto.

Mientras que un préstamo consolidado podría parecer una buena idea, hay desventajas para deben ser consideradas antes de solicitarlo.

Desventajas

- Puede llegar a pagar costos extra en temas administrativos.
- La tasa de interés puede ser menor que la tasa promedio de su deuda actual pero a largo plazo significa que pagará más en interés efectivo.
- No elimina del todo su deuda, es simplemente la misma deuda en otra forma.

Antes de inscribirse en un préstamo consolidado, calcule cuánto interés pagará con su deuda actual y compárelo con los intereses que se estaría pagando si aceptas un consolidado de deuda.

Reparación de crédito a través de un agente de cobranza

Las calificaciones crediticias se basan en su informe crediticio. Cuando los bancos, compañías de tarjetas de crédito o cualquier otra entidad le prestan dinero, le informan a una agencia su estado actual en términos de hacer sus pagos a tiempo. Luego, la agencia recopila esta información en una historia crediticia, que es el mejor guardián de su calificación crediticia. Las marcas negativas en su calificación crediticia se mantendrán allí por 7 años, evitando que obtenga mayores tipos de préstamos.

Cuando comienza a tener demoras en los pagos a un acreedor, ya sean pagos de préstamos o tarjetas de crédito o pagos de financiación, el acreedor realizará varios pasos en un intento de que usted cancele su deuda. Después de una serie de advertencias (generalmente largas), el acreedor eventualmente venderá su deuda a una empresa de cobranzas. Cuando un acreedor hace esto, efectivamente está "cancelando el préstamo" debido a que venden la deuda a un agente de cobranza con un gran descuento. Básicamente, el acreedor ha decidido que sus posibilidades de recuperar el préstamo son lo suficientemente pequeñas como para estar dispuestas a perder tanto como la mitad de su valor para dejar de perseguirlo. Cuando esto sucede el acreedor informará a la agencia su reporte de crédito, y se le dejará la marca más baja posible en su informe de crédito, el cual afectará su calificación por hasta 7 años.

Un paso crucial para la reparación del crédito es tomar medidas para evitar esta "cancelación" de su deuda. Deberías actuar lo antes posible después de ser contactado por un agente de cobranza. Lo primero que debes hacer es comunicarte con tu acreedor, no con la compañía de cobranzas, y ver si se puede hacer arreglos para limpiar la deuda con ellos. En muchos casos, si acepta pagar la deuda inmediatamente al acreedor, ellos eliminarán la marca "asignado a cobranzas" de su calificación crediticia, siendo esencial para la reparación rápida del crédito.

Si su acreedor no está dispuesto a hacer esto, está atrapado ante la agencia de cobranzas.

En términos de reparación de crédito, tenga en cuenta que la marca en su calificación crediticia no puede empeorar en este momento, la deuda ya se ha ido a cobranzas, así que tómese el tiempo para considerar todas sus opciones. Generalmente, el agente de cobranza se pondrá en contacto con usted de manera agresiva, exigiendo de inmediato el pago completo de la deuda, e implica que lo llevarán a juicio si esto no sucede.

Es ventajoso para usted en esta situación comprender que la compañía de cobros probablemente ha comprado su deuda algo cercano a la mitad de su valor, por lo que cualquier pago superior a ese generará una ganancia para ellos. Intente y ofrezca pagar menos del valor total de su deuda de inmediato. En la mayoría de los casos, el agente de cobranzas estará motivado a cerrar su archivo lo antes posible para evitar que el proceso se arrastre. Por lo general, estarán dispuestos a aceptar un pago rápido con un descuento para que puedan seguir adelante.

Para lograr la reparación del crédito lo más rápido posible, siempre intente pagarle a su acreedor en lugar del agente de cobranza cuando su deuda ha pasado a cobranzas. Si eso falla, ofrezca el agente de cobranza una cifra menor que el monto total del préstamo, el pago completo debe ofrecerse como último recurso.

Reparación de crédito a través de asesoramiento de crédito

Como muchas otras cosas en la vida, el presupuesto es una habilidad, algunas personas son mejores que otras en administrar sus ingresos y mantenerse al día en lo que respecta a sus deudas. Casi todos nosotros tuvimos algún tipo de deuda en un momento dado como una factura de tarjeta de crédito y un préstamo pendiente, o una hipoteca. Al tener una buena administración de sus deudas podrá mantener una buena calificación crediticia que le permitirá continuar recibiendo créditos en el futuro. Si no realiza los pagos a tiempo para sus préstamos, o peor aún, los deja en mora, se encontrará con un mal historial crediticio, que le quitará muchas oportunidades económicas. Para realizar una reparación de crédito, usted debe construir lentamente su calificación crediticia nuevamente. Una cosa que puede ayudarlo a hacer esto es buscar la ayuda de un asesor de crédito.

En general, el asesoramiento crediticio es realizado por agencias sin fines de lucro, y no debe confundirse con empresas de reparación de crédito con fines de lucro. Este último debe evitarse. Compañías de reparación de crédito tienen fama de ser estafadores, especialmente aquellos que se anuncian en línea. Incluso si no resulta ser una estafa, es probable que una compañía de reparación de crédito no haga nada que usted no puede hacerlo por sí mismo: le indicarán que obtenga su informe de crédito y desafilie todos los elementos negativos e incluso puede sugerirle que intente actividades ilegales como obtener una "nueva" calificación crediticia con datos y dirección diferente.

Por lo contrario, un servicio de asesoramiento crediticio solo brindará asesoramiento. Esta es la mejor y la más inteligente forma de participar en la reparación de crédito. Para evitar lo anteriormente mencionado, debe reconstruir su calificación crediticia lo cual será un proceso largo que requerirá tiempo y disciplina. Un mal servicio y un asesor de crédito lo ayudarán a tomar los planes y decisiones a largo plazo que necesita para una reparación de crédito efectiva.

La mayoría de buenas organizaciones de asesoría crediticia también le brindarán asesoramiento y talleres como materiales educativos, que le ayudarán a aprender a hacer y cumplir con un presupuesto, lo cual a largo plazo será extremadamente beneficioso para su calificación crediticia. También podrán proporcionarle asesoramiento personalizado, para que pueda examinar y aprender a mejorar decisiones económicas basadas en su experiencia crediticia particular.

El problema con las compañías de reparación de crédito, y la razón por la que debe sospechar de ellas, es que proponen una solución rápida y única para todos. Cualquiera que diga que puede arreglar rápidamente su crédito sin saber nada sobre la situación, no es veraz. Un consejero de crédito puede ser crucial para proporcionarle exactamente el tipo de atención particular que necesita.

Lo más importante, si se compromete en la reparación de crédito utilizando un concejal, sus soluciones serán a largo plazo, porque aprenderá a administrar su presupuesto de manera más efectiva, y haciendo cambios permanentes a sus hábitos de gasto. Esto es mucho mejor que pagar a una empresa de reparación de crédito que promete una solución rápida que no tiene ningún valor educativo para usted.

Consejos para una reparación de crédito

En el mundo de hoy, el crédito es esencial. La mayoría de nosotros usamos crédito casi todos los días sin siquiera saberlo: tarjetas de crédito, pagos de automóviles, pagos de viviendas, etc. Desafortunadamente, la mayoría de las personas no piensan mucho en su calificación crediticia hasta que se encuentren en problemas con ella. Tener un mal historial crediticio afecta mucho más que su capacidad de obtener un préstamo: también tendrá problemas para obtener todo tipo de crédito. Es esencial tomar medidas para reparar su historial crediticio lo más rápido posible. Aquí hay algunos consejos para reparar el crédito:

- **Obtenga su informe de crédito**

Este paso es crucial, toda la información de crédito es reportada por los bancos y similares agencias de crédito, quienes a su vez tienen la llave para reparar el crédito. La mayoría de la gente nunca considera obtener sus informes de crédito hasta que están intentando reparar el crédito, pero siempre es una buena idea.

En la mayoría de los casos, no debería haber ningún cargo por recibir una copia de su informe de crédito; simplemente tiene que solicitarlo (generalmente por escrito, en persona y acompañado de una copia de su identificación). Cuando sea considerado como un mal acreedor para una tarjeta de crédito o préstamo, la compañía deberá indicar qué agencia de crédito lo reportó como poseedor de un mal crédito, y luego puede solicitar un informe de esa oficina. La reparación del crédito comienza echando un vistazo detallado a su informe de crédito. Busque cualquier inexactitud: en algunos casos puede tratarse de errores en su archivo, o su información de crédito puede confundirse con otra persona con el mismo nombre. Muchas personas se sorprenden de la frecuencia con la que una empresa informa un pago atrasado por error.

Si encuentra alguna inexactitud, puede reparar su crédito solicitándolo por escrito a la agencia de crédito. Si tiene alguna documentación de respaldo, inclúyalo, de lo contrario simplemente indique dónde está la confusión y solicite que se analice. Esto lo beneficia de dos maneras: primero, si la agencia de crédito no puede verificar la información que estás disputa, por defecto debe ser eliminado de su archivo; segundo, si la oficina no responde a su solicitud de investigación dentro de los 30 días, la información en disputa debe ser eliminada.

Si resulta que su mal crédito es el resultado de un error, generalmente deberá ir a la oficina de crédito, es todo lo que necesita hacer para reparar el crédito. Cuando solicite su informe de crédito, tenga en cuenta que los encargados de su trámite harán que el proceso parezca más difícil de lo que es, ya que en términos de horas no les interesa responder a muchas solicitudes de informes de crédito.

- **Contacte a su agencia bancaria**

Una vez que haya revisado su informe de crédito y haya determinado que todo está correcto, el siguiente paso para reparar su historial crediticio es ponerse en contacto con los acreedores con los que posee cuentas morosas. Debe reparar estas cuentas lo antes posible para reparar su crédito exitosamente.

En muchos casos, la prioridad para el acreedor es recuperar lo más que se puede de la cuenta por cobrar. Muchas personas se sorprenden de lo complacientes que pueden ser en términos de organizar un proceso de pago: en muchos casos, el acreedor eliminará el interés o incluso reducirá la factura y se devuelve para pago inmediato. Si no puede pagar de inmediato, proponga un plan de pago para el acreedor al que puede apegarse: los acreedores se adaptarán a la mayoría de las propuestas de pago ya que, nuevamente, su interés principal será recuperar la deuda.

Recuerde que la razón por la que está haciendo esto es para reparar su historial crediticio por ello, bajo ninguna circunstancia debe comprometerse a un plan de pago con sus acreedores que no podrá cumplir solo terminaría empeorando los problemas en el futuro. Si un acreedor ha repetido problemas con un cliente, es poco probable que exista mucha confianza en la relación, por lo que probablemente no querrán ayudarte. En su lugar, elija algo que pueda cumplir y explique su actual situación financiera al acreedor. Al hacer esto, a menudo puede lograr la reparación del crédito con bastante rapidez.

- **Prueba y evite la agencia de cobros**

El peor y último paso que tomará un acreedor es vender su deuda pendiente a una agencia de cobros. En términos de reparación de crédito, esto es básicamente lo peor que puede suceder pues significa que a quien le debía dinero consideraba que sus posibilidades de recuperarlo eran tan bajas que están dispuestos a perder parte de la deuda. En la mayoría de los casos, el acreedor vende la deuda a la agencia de cobros con un gran descuento, a menudo la mitad del monto adeudado.

Cuando un deudor vendió su préstamo a una agencia de cobro, lo acaba de "cancelar" y creó la marca más baja posible en su historial crediticio. Si esto sucede, intente y actúe lo antes posible después de ser contactado por el agente de cobranza. Antes de negociar con la compañía de cobranza, hable con su acreedor. Vea si el acreedor eliminará la marca de "cancelado" en su historial de crédito. Esto es algo que harán a veces, a cambio de un pago inmediato.

Si su acreedor no está interesado en negociar el pago, usted se encontraría en problemas con el agente de cobranza. Puede darse el caso de que el agente de cobranza se mantenga en una posición muy intimidante y amenazante, y lo hará; generalmente implican que están dispuestos a llevarte a un juicio. Los dos puntos que debes tener en cuenta es que la compañía de cobro compró su deuda por menos del monto adeudado, y es poco probable que te lleven a juicio. Su mejor solución es ofrecer hacer un pago inmediato por menos del saldo real de su deuda. La mayoría de las empresas aceptarán esto, generalmente debido a que obtener ganancias en cualquier pago que supere el 50% de su deuda y al ofrecer pagar inmediatamente les permite cerrar su archivo y trabajar en otros temas. Cuando trata con un agente de cobranza, solo ofrezca el pago completo como último recurso.

- **Aplique para una tarjeta de crédito asegurada**

La reparación de crédito puede ser un proceso lento, y es posible que te encuentres construyendo un poco de respaldo de tu crédito poco a poco durante un largo período de tiempo. Un buen lugar para comenzar es con una tarjeta de crédito "asegurada". Estas tarjetas de crédito son emitidas por agencias bancarias que generalmente apuntan a personas que poseen un mal crédito. A diferencia de una tarjeta de crédito regular, para la cual sin duda será rechazado si posee un mal crédito, es un crédito garantizado, la tarjeta generalmente requiere que usted dé un depósito inicial equivalente al límite de crédito de la tarjeta. Es decir, usted le da a la compañía $500 por una tarjeta con un límite de crédito de $ 500, y se reservan el derecho de usar ese depósito contra cualquier saldo pendiente que permanezca durante demasiado tiempo.

Desde el punto de vista del emisor, su mal crédito no importará porque no asumen ningún riesgo: nunca les deberás más dinero del que ya les has dado para empezar. Según su punto de vista, las tarjetas aseguradas están lejos de ser ideales, pero si tiene un mal crédito y necesita participar en la reparación de crédito, no tiene otra opción.

Una vez que tenga una tarjeta de crédito asegurada, úsela con moderación pero regularmente y asegúrese de hacer todos sus pagos a tiempo. Al hacer esto durante un largo período de tiempo, reparará lentamente su historial crediticio y recuperará la confianza de los acreedores que lo rechazaron en el pasado.

- **Considere una empresa especializada en reparación de crédito**

Si encuentra que ninguna de las cosas anteriores le funciona en términos de reparación de crédito, considere ir a una empresa especializada en este tipo de procesos. Muchas de estas compañías le ofrecerán "limpiar su registro de crédito" por una tarifa. Mientras que los servicios de una compañía de reparación de crédito pueden ser mucho más útiles, dependiendo de su situación, debe ser muy cuidadoso para evitar estafas y leer toda la letra pequeña que hay en la mayoría de los casos.

La estrategia básica de la mayoría de las compañías de reparación de crédito será alentarlo a reclamar absolutamente todo en su informe de crédito con su agencia de crédito. La idea es inundar la oficina con más solicitudes de las que pueden responder en un período de 30 días, porque recuerde que si la oficina no puede proporcionar documentación para algo en su archivo en 30 días, debe ser remoto. Sin embargo, es cuestionable cuán efectivo es realmente esto, aunque la oficina si no los documenta, debe eliminar elementos dentro de los 30 días, en la mayoría de los casos las empresas seguirán investigando los reclamos, y cuando finalmente encuentren la documentación adecuada, los artículos se agregarán nuevamente.

Lo que sea que decida con respecto a una compañía de reparación de crédito, siempre recuerde revisar los documentos cuidadosamente. También tenga en cuenta que las compañías de reparación de crédito no pueden aceptar pagos legalmente hasta que los servicios prestados hayan concluido.

También están obligados a describir claramente todos los pagos y términos.

Reparar usted mismo su crédito es la mejor opción

Tener una buena calificación crediticia es una de las herramientas esenciales para llevar una vida económica exitosa. Aunque la mayoría de las personas no piensan mucho en su historial crediticio, tener un buen crédito permite adquirir muchas cosas que generalmente se dan por sentadas: tarjetas de crédito, alquiler de autos, préstamos sin complicaciones y alquiler de apartamentos etc. Cada vez que demore o no pague una cuota, el acreedor informará esto a la agencia de crédito, y se le agregará a su historial crediticio. Si hace esto con demasiada frecuencia, o deja que los préstamos caigan en mora, tendrá que realizar una reparación de crédito, ya que será rechazado constantemente para tarjetas de crédito y la mayoría de los otros tipos de préstamos.

Si recurre a internet o anuncios clasificados al comenzar su investigación sobre reparación de crédito, probablemente notará muchas ofertas de compañías que ofrecen servicios de reparación de crédito. La mayoría de ellas se promocionan agresivamente y afirman que pueden arreglar su informe de crédito rápidamente por una tarifa. Debe ser muy cauteloso al tratar con estas empresas, muchas de ellas son estafas, y en la mayoría de los casos, usted mismo puede reparar su propio crédito de manera más efectiva.

Es importante comprender que no hay nada que una compañía de reparación de crédito pueda hacer que usted no pueda hacer. Hágalo usted mismo. En otras palabras, aunque pueda implicarlo, una compañía de reparación de crédito no está relacionado con la agencia de crédito y no puede obtener bajas calificaciones en su calificación crediticia "borrada" por lo que lo más probable es que la compañía de reparación de crédito lo aliente a obtener su informe de crédito de la agencia e impugnar elementos negativos en el informe.

En algunos casos, las compañías de reparación de crédito incluso llegarán a involucrarse en actividades de legalidad cuestionable. Lo alentarán a comenzar una "nueva" calificación crediticia a través de un cambio de domicilio e información bancaria. Esta práctica no es legal, ni suele ser eficaz. Un enfoque mucho mejor para la reparación de crédito es hacerlo usted mismo. Si buscas en línea podrás encontrar muchos sitios que ofrecen consejos y un paso a paso, la mejor opción es seguir los consejos de una fuente del gobierno u otra organización confiable.

El mejor enfoque es obtener primero su informe de crédito en la agencia bancaria, una vez que tenga el informe examínelo detenidamente y reclame, por escrito, cualquier error que pueda encontrar en el informe. Solo reclame si hay errores genuinos, si su informe está libre de errores, tendrá que participar en los tradicionales métodos de reparación de crédito. La mejor manera de comenzar es obtener una tarjeta de crédito asegurada y usarla regularmente, de esta manera reparará lentamente su calificación crediticia.

Al ser paciente y tomar decisiones de presupuesto inteligentes, podrá pagar a sus acreedores en el tiempo establecido. Al hacerlo, eventualmente les demostrará que es apto para recibir un crédito. Aunque la reparación de crédito de esta manera es un proceso lento, es el único realmente efectivo. Con este enfoque tendrá mucho más éxito a largo plazo que seguir a una empresa de reparación de crédito.

Capítulo 3: Estrategias para incrementar tu historial crediticio

¿Cómo establecer un buen historial crediticio?

La clave para fijar un buen historial crediticio es cumplir con su promesa de pagar préstamos o tarjetas de crédito según lo acordado, a tiempo y en las cantidades programadas, de lo contrario, será difícil y costoso para pedir un crédito para las cosas que realmente necesita para usted y su familia, incluido un hogar, una educación o atención médica.

Aunque sus intenciones puedan ser buenas, pueden ocurrir eventos como alguna emergencia médica o perder un trabajo, lo cual afecta su capacidad de pagar sus préstamos. Por ello, es fundamental configurar y contribuir regularmente a un plan de ahorro pues al hacer esto podrá tener fondos disponibles para cumplir sus acuerdos de crédito a pesar de algunos imprevistos que puedan suceder a futuro.

Si actualmente no tiene un crédito o rara vez pide dinero prestado, considere solicitar una o dos tarjetas para establecer algún crédito. Compare y revise las tasas de interés y las tarifas, use las tarjetas de crédito con cuidado, pagando la deuda cada mes. También es importante que mantenga su deuda general a un nivel razonable relativo a sus ingresos. En general, sus gastos no deben exceder más del 20% de su salario neto.

Necesidades versus deseos

Puede comenzar pensando en sus necesidades y deseos personales. Las "necesidades" son artículos que debe tener para la supervivencia básica, como alimentos, ropa y refugio. Los "deseos" son aquellas cosas que quieres pero que puedes vivir sin ellas, como artículos de moda, comidas en restaurantes o entretenimiento. Recuerde, los deseos no son ni buenos ni malos. Sin embargo, querrá personalmente equilibrar sus necesidades y deseos para que pueda establecer con éxito un plan de ahorro y buenos principios del plan de gastos. Los planes de ahorro y gasto lo ayudarán a establecer y a mantener un buen crédito y trabajar para establecer a largo plazo su seguridad financiera.

¿Cómo hacer un plan de gastos?

Establezca y mantenga un buen historial crediticio y demuestre su habilidad para administrar y pagar sus deudas, haga un plan de gastos y viva dentro de él.

Para desarrollar un plan de gastos, debe seguir los siguientes pasos:

1. Determine su ingreso mensual.
2. Enumere sus gastos mensuales fijos.
3. Conozca sus gastos variables.
4. Rastree y planifique gastos grandes y periódicos.
5. Compare sus ingresos con sus gastos.
6. Establezca prioridades, metas y límites.

7. Establezca un plan de ahorro y conviértalo en una prioridad.
8. Mantenga siempre un fondo de emergencia.
9. Planifique con anticipación las compras importantes y evite los impulsos decisiones.

Una vez que se sienta cómodo con un plan de gastos, puede estar más flexible y hacer ajustes para decisiones financieras que son en el mejor interés de su familia. Usa el plan de gastos lo cual lo ayudará a mantenerse dentro de sus posibilidades.

Estrategias de mejora

Si desea mejorar su crédito, es importante entender que no importa lo que uno haga, hechos negativos en el historial crediticio permanecerán allí hasta que estén programados para caducar. No se puede hacer nada para borrar los elementos negativos, pero se puede construir otro crédito sólido que ayudará a compensar el impacto de esos elementos negativos, y con el tiempo esos elementos negativos puedan desaparecer. La clave está en adoptar un enfoque proactivo para construir un crédito sin excederse demasiado. Como no se puede controlar directamente su historial crediticio, todo lo que se puede hacer es concentrarse en hacer cambios positivos que se reflejarán en su informe crediticio. Esos cambios, a través del tiempo se incorporarán a su historial crediticio. Estas son algunas de las mejores cosas que puede hacer para mejorar su historial crediticio:

1. Pague sus facturas a tiempo.

Una de las cosas más importantes que puede hacer para mejorar su historial crediticio es pagar sus cuentas antes de la fecha de vencimiento. Esto significa pagos en todo tipo de deuda, desde préstamos personales hasta una hipoteca para facturas de servicios públicos. Puede configurar desde su cuenta bancaria en pagos automáticos para ayudarlo a pagar a tiempo, pero asegúrese de que tenga suficiente dinero en su cuenta para evitar cargos por sobregiro.

2. Si no tiene un historial de crédito, comience uno.

Un largo historial de crédito le permite mostrar consistencia y responsabilidad en su gestión de crédito, así que cuanto más largo sea su historial crediticio, tiene mejores oportunidades de obtener un puntaje alto. Si aún no tiene un historial de crédito, le beneficiará comenzar uno, siempre y cuando siga las recomendaciones descritas en esta sección. Asegúrese de no abrir varias cuentas demasiado rápido.

3. Limite sus nuevas solicitudes de créditos.

Si solicita muchos préstamos nuevos o líneas de crédito, esto puede dañar su crédito. Cuando usted esté buscando un préstamo resulta mejor asegurarse de limitar el tiempo en que lo hace. El período de tiempo entre sus consultas es una forma en el que los bancos determinan si usted desea comprar un préstamo único o múltiple. Ver su propio informe de crédito o puntaje no dañará su crédito, ni los acreedores revisando su informe o puntaje para hacer ofertas preseleccionadas.

4. Si paga con tarjeta de crédito, pague todos los meses

Acumulará una línea de crédito haciendo uso de su tarjeta de crédito y pagando a tiempo siempre. Pague sus estados de cuenta cada mes para evitar cargos financieros.

5. No tenga miedo de hablar con sus acreedores.

Los prestamistas pueden modificar su tasa de interés o reducir su mensualidad. Pero no si no preguntas.

6. Controle su crédito regularmente.

No existe ningún problema por revisar su informe de crédito diariamente. Compruebe si hay errores o algún fraude potencial.

¿Qué pasa si no tengo crédito?

En ocasiones, los prestamistas no tendrán suficiente referencias de crédito para que pueda obtener el préstamo que desea. Si este es su caso, comience abriendo pequeñas líneas de crédito y realice pequeñas compras que pueden pagarse fácilmente. Si aún no tiene una cuenta corriente o cuenta de ahorro, es mejor abrir una. Su banco puede proporcionarle una tarjeta de crédito una vez que haya establecido un historial con ellos como cliente.

Si no tiene un crédito determinado, no está completamente fuera de suerte. Algunas agencias bancarias cuentan con un informe que les permitirá saber si las personas pagan sus facturas correspondiente alquiler y servicios a tiempo. Si consideran que son buenos pagadores, pueden aprobarle un crédito. Es por lo mencionado que resulta extremadamente importante cancelar estos gastos diarios a tiempo. Además, su capacidad de mantener un trabajo estable mejorará la probabilidad de ser aprobado para un crédito.

Otra opción sería obtener una tarjeta de crédito asegurada. Una tarjeta asegurada puede ser una excelente manera para que una persona sin crédito establezca crédito. Este tipo de tarjeta funciona como una tarjeta de débito y requerirá fondos depositados para compras, la principal diferencia es que su historial de crédito será informado en las oficinas de crédito. Sin embargo, es bueno realizar una investigación por adelantado, y asegúrese de hacerlo. También tenga en cuenta que no todos los bancos o cooperativas de crédito ofrecen tarjetas de crédito aseguradas, algunas tarjetas pueden incluso cobrar los trámites y otras tarifas.

También es aconsejable comenzar a ahorrar dinero para la cuota inicial de su hogar. El prestamista analizará su solicitud de la manera más favorable cuando pueda brindar un pago inicial del 20%. Tenga en cuenta que hay ciertos programas de préstamos disponibles que permiten un porcentaje de dinero de regalo (bono) para la cuota inicial.

Capítulo 4: Tarjetas de crédito

¿Cómo funcionan las tarjetas de crédito?

Las tarjetas de crédito tienden a tener tasas de interés más altas que otros tipos de créditos, y la tasa varía entre los diferentes tipos de tarjeta. Los intereses son cobrados sobre todos los consumos que quedan pendientes para el siguiente mes en caso de que no se cancele el monto adeudado (total) cada mes (o dentro de un período sin intereses). La tasa de interés también puede ser mayor si usa la tarjeta para retiro en efectivo.

¿Cómo elegir una tarjeta de crédito?

Puede ser fácil obtener una tarjeta de crédito en su banco de preferencia o cooperativa de crédito actual, pero puede encontrar una mejor oferta en otro lugar, así que es mejor comparar precios. Los sitios web de comparación pueden ser útiles para encontrar ofertas de tarjetas de crédito.

Períodos sin intereses vs tarjetas de crédito sin período de intereses

Las tarjetas de crédito con un período sin intereses (donde no paga intereses por un cierto tiempo después de una compra) a menudo tienen altas tasas anuales. Pero si paga su deuda dentro del período sin intereses, evitará pagar intereses, por lo que la tarifa más alta puede valer la pena.

Por otro lado, si cree que no podrá pagar las deudas de su tarjeta de crédito todos los meses, es mejor elegir una tarjeta sin días de interés. Por lo general, pagará tasas anuales más bajas ya sea desde el día de la compra o desde el día en que se emite un estado de cuenta mensual.

Errores importantes de la tarjeta de crédito

Las tarjetas de crédito pueden ser una bendición para los consumidores, ya que brindan muchas ventajas y beneficios debido a que son una excelente alternativa al efectivo, son excelentes si necesita hacer compras cuando se encuentra en apuros. Algunas tarjetas ofrecen beneficios o recompensas como devolución de efectivo o millas de viaje, mientras que otras le brindan una protección adicional para sus compras. Si juega bien sus cartas y paga sus saldos cada mes, nunca tendrá que pagar un centavo en intereses. Además, ser un usuario consciente de la tarjeta de crédito puede ayudarlo a mejorar su calificación crediticia.

Miles de consumidores tienen problemas para controlar los saldos de sus tarjetas de crédito. Si usted se encuentra entre estos consumidores, no se desespere. Hará que su deuda sea más manejable una vez que elija cambiar sus hábitos de gasto. Dé un paso gigante en esta dirección evitando o dejando de cometer estos errores importantes sobre la tarjeta de crédito:

- Uso de la tarjeta para artículos cotidianos

Un gran error que las personas suelen cometer es usar sus tarjetas de crédito para compras regulares y cotidianas. Excepto en circunstancias atenuantes, debe tener su presupuesto bajo suficiente control para pagar las necesidades con sus ingresos mensuales. Al mantener las compras comunes como insumos alimenticios y facturas de servicios públicos fuera del saldo de la tarjeta de crédito, dará un paso importante para controlar los gastos.

Tenga en cuenta que comprar leche con una tarjeta de crédito eventualmente se convertirá en un gasto mayor si no paga el su consumo al final de cada mes. No existe ninguna razón para incurrir en cargos extras ocasionados por intereses en aquellos artículos necesarios que debe comprar directamente con ingresos mensuales.

- Retirar dinero en efectivo

Las agencias bancarias de tarjetas de crédito emplean tácticas como enviar por correo mensajes sobre retiro de efectivo, alentando a usarlos para pagar facturas o para darse el gusto de algo bueno, pero rara vez dejan claro que este dinero se trata como adelanto en efectivo. Tomar un adelanto en efectivo es peligroso porque comienza a acumular intereses de inmediato, a diferencia de las compras regulares con tarjeta de crédito. Además, a menudo no hay período de gracia y se le cobrará una tarifa automática que puede alcanzar hasta un 4% sobre el monto del anticipo. También, la compañía de la tarjeta de crédito puede no considerar que el anticipo en efectivo sea pagado hasta que haya cancelado el saldo de sus otras compras.

- Uso de la tarjeta para pagar facturas médicas

Las facturas médicas pueden ser abrumadoramente caras, especialmente si no cuenta con un seguro. Si tiene problemas para pagar sus facturas médicas, negocie un acuerdo con el hospital o con otra compañía a la que le deba dinero. No aumente sus facturas y estrés añadiéndoles tasas de interés de tarjeta de crédito exorbitantes. También debe revisar sus facturas médicas por segunda o tercera vez, asegurándose de que sean precisas y que comprenda todos los cargos.

- Buscar bonos de su tarjeta de crédito

Las recompensas de tarjetas de crédito generalmente valen mucho menos que el interés adicional que acumulará si no puede pagar el dinero que gasta para ganar esos bonos. Puede, por ejemplo, recibir un punto por cada dólar que gasta, pero probablemente necesite canjear 5,000 puntos para obtener un descuento de $ 100 en un boleto de avión. Dado que los intereses cobrados en los saldos de cuentas pendientes a menudo exceden el bono típico del 2%, puede no ser una compensación valiosa.

También debe evitar suscribirse a múltiples tarjetas de crédito, independientemente de las bonificaciones. Si ya sabe que no administra bien las tarjetas de crédito, no agregue la tentación en forma de tarjetas adicionales. También es más fácil perder un plazo de pago cuando tiene más tarjetas de las que puede administrar. Recuerde, algunos cargos por pagos atrasados o intereses demorarán rápidamente esos regalos o recompensas de registro.

Puede usar sus tarjetas con más frecuencia una vez que haya pagado su deuda y sepa cómo evitar una nueva deuda. Siempre y cuando pague su saldo total y puntualmente cada mes, no hay nada de malo en usar tarjetas de crédito en lugar de llevar efectivo o aprovechar ventajas como el reembolso en efectivo o las millas de viajero frecuente. Solo asegúrese de que esas compras se ajusten a su presupuesto mensual.

- Ignorar su deuda

Algunas personas están tan estresadas o avergonzadas por la deuda de las tarjetas de crédito que dejan de extender sus cuentas y fingen que no hay problema. Obviamente, es un mal enfoque porque mientras ignora las facturas, la bomba de tiempo de las tasas de interés aumenta la deuda. Además, si pierde uno o dos pagos, la tasa de interés puede dispararse más alto según los términos del acuerdo de la tarjeta.

Puede llamar a las compañías de tarjetas si se siente abrumado y solicitar renegociar los términos de su acuerdo. Es posible que pueda bajar la tasa de interés, establecer un plan de pago u obtener una parte de su deuda. Si su primera llamada no funciona, siga llamando porque un representante de servicio al cliente diferente puede permitirle negociar un mejor trato.

Ignorar la deuda también puede reducir su puntaje de crédito y estimular a los cobradores de deudas a la acción.

- Hacer pagos mínimos

Pagar el mínimo (o incluso un poco más del mínimo) en cada mes en sus tarjetas de crédito puede parecer lo correcto para mantener su puntaje de crédito, pero no es una forma efectiva de pagar la deuda.

Dadas las altas tasas de interés y tarifas que se agregan a lo que debe pagar en las tarjetas de crédito, hacer pagos mínimos significa que solo se está reduciendo el monto de la deuda original. Tomará años pagar su deuda de esta manera. Además, a menos que deje de usar la tarjeta, irá agregando continuamente nuevas deudas a medida que intenta pagar las antiguas.

Además de tomar mucho tiempo, esta táctica podría terminar costándole miles de intereses más para cuando pague su deuda. Por eso es importante identificar si su deuda podría ser un problema y tener cuidado de ello lo antes posible.

Finalmente, no permita que la vergüenza le impida tomar medidas. Usted puede pensar que todas las demás personas tienen bajo control sus finanzas. Sin embargo, muchos de ellos enfrentan problemas de deuda similares a los suyos.

Esquemas de recompensa

Es importante tener en cuenta que las tarjetas de crédito con características especiales (como esquemas de recompensa, descuentos en ciertos bienes y servicios u ofertas de reembolso) a menudo tienen tasas de interés más altas.

Ofertas de transferencia de saldo

Puede obtener el beneficio completo de estas ofertas pagando el monto de transferencia dentro del período acordado. Si no se paga la totalidad del monto antes de que finalice el período de transferencia, el saldo a menudo se carga a la tasa de interés estándar o la tasa de adelanto en efectivo (que puede ser mucho mayor). Los términos y condiciones pueden ser diferentes para cada transferencia de saldo, por lo que debe asegurarse de entender lo que son.

Capítulo 5: ¿Cómo superar una deuda de tarjeta de crédito?

No importa qué solución de deuda elija, es importante comenzar a cancelar sus deudas lo antes posible porque dependiendo de sus acreedores, el interés en sus cuentas podría incrementarse todos los días, agregando más y más a sus deudas. Sin un plan sólido para salir de su deuda, podría estar atrapado en un ciclo interminable de intereses altos a pagar que podrían llevar años superar . Es por eso que resulta muy importante salir de la deuda lo más rápido posible.

Una de las mejores formas de crear un futuro financiero más estable es superar una deuda. Muchas personas son acreedoras de deudas a lo largo de sus vidas, pero si sus pagos mensuales de deuda se están convirtiendo en una fuerte fuente de estrés, podría ser el momento de reevaluar la forma en que administra su dinero.

Pasos para salir de una deuda de tarjeta de crédito

Cuando está abrumado por la deuda de la tarjeta de crédito, o se ha acostumbrado a llevar un saldo, puede parecer imposible encontrar una salida. Pero puede crear muchos caminos hacia un futuro libre de deudas. En esta sección se detallarán seis consejos sobre cómo salir de la deuda lo más rápido posible:

1. Anote todas sus deudas

El primer paso para superar la deuda es verificar la cantidad total que se debe. Si usted tiene varios préstamos, saldos de tarjetas de crédito y otras formas de deuda, es útil determinar cuánto paga cada mes y qué deudas son peores que otras en términos de tasa de interés general, pagos mínimos mensuales y más.

Ordene sus deudas de acuerdo a la tasa de interés más alta y el saldo total del préstamo. ¿Cuáles deudas son las "peores"? Haga un plan para priorizar cuáles deudas pagará primero.

2. Rastrea tus gastos

El siguiente paso para salir de la deuda es realizar un seguimiento de cuánto gasta cada mes y luego averiguar dónde puede reducir los gastos. Las herramientas en línea y el software presupuestario pueden ayudarlo a realizar un seguimiento de sus gastos. O, si prefiere un método más práctico, simplemente use papel y lápiz o configure una hoja de cálculo para realizar un seguimiento de sus gastos durante 30 días.

Averigüe si sus facturas son gastos fijos o gastos variables: fijos incluyen alquiler / hipoteca, primas de seguros y servicios públicos, mientras que los gastos variables incluyen gastos cambiantes, como comestibles, mantenimiento de automóviles. Más allá de las facturas, ¿cómo son sus gastos discrecionales? Esto podría estar en cosas como comidas de restaurante y entretenimiento. Una vez que tenga esto resumido, puede comenzar a elaborar estrategias para reducir el gasto en ciertas áreas.

3. Haga una "hoja de ruta" para salir de la deuda

Busque una calculadora de pago de deuda para calcular cuánto tiene que pagar cada mes y así poder salir de la deuda más rápido. Por ejemplo, esta calculadora de pago de deudas le permitirá analizar múltiples pagos de deudas, incluido el monto total, su pago mensual y las tasas de interés para determinar qué tan pronto puede estar libre de deudas y cuánto dinero pagará en intereses en el camino.

4. Reduzca el gasto en artículos pequeños

Una vez que tenga una hoja de ruta en mente, es hora de comenzar a cambiar sus hábitos de gasto mensual (y diario). ¿Podría ahorrar $ 500 por mes comiendo menos, cancelando una membresía de gimnasio que nunca usa o cancelando algunas suscripciones?

Vale la pena echar un vistazo más de cerca, muchas personas se sorprenden al ver cuánto gastan en programas de TV que no ven o suscripciones de aplicaciones Premium. Reduciendo gastos pequeños, a menudo, puede encontrar una gran cantidad de dinero para destinar a la superación de la deuda.

5. Reduzca los gasto en una gran cosa

Acerca de los pequeños gastos, estos ayudan a pensar en grande y estar listos para hacer un cambio importante en su presupuesto mensual. ¿Cuánto gasta cada mes en alquiler o en el pago de su automóvil? Podría considerar mudarse a un lugar más asequible o encontrar un compañero de cuarto, si eso significa salir de la deuda antes.

No tenga miedo de considerar hacer cambios en su estilo de vida para salir de la deuda. A veces es necesario hacer un sacrificio a corto plazo para lograr la estabilidad financiera.

6. Considere formas de ganar dinero adicional

La mayoría de las personas piensan que salir de la deuda se trata de gastar menos. Si bien reducir el gasto es una buena estrategia, no es la única, también tiene la opción de realizar trabajos adicionales para ganar más dinero.

¿Dónde podrías ganar dinero extra? Puede obtener un trabajo a tiempo parcial, vender algunos artículos en una venta de garaje o en un mercado en línea, hacer un trabajo independiente o aumentar sus ingresos para que lo ayude a salir de la deuda. No tenga miedo de pensar creativamente y esté dispuesto a trabajar duro a corto plazo para llegar a una mejor posición financiera.

Métodos para superar deudas de tarjeta de crédito

Se debe elegir entre el método de avalancha y bola de nieve, si todas sus cuentas tienen una tasa de interés similar, el Método Bola de Nieve podría ser una mejor opción, pero si tienes una o dos tarjetas con una tasa de interés escandalosamente alta, el Método Avalancha podría ser la solución correcta. Se debe tener en cuenta que ambos métodos requieren que se tenga suficiente dinero para pagar más del mínimo en tus tarjetas de crédito.

Método avalancha

Mediante este método, las personas utilizan el dinero extra que obtienen cada mes para poder pagar la deuda con la tasa de interés más alta, permaneciendo todos los pagos mínimos. Eliminando más rápido los pagos de interés más altos, usted pagará menos intereses en los siguientes meses hasta cancelar la deuda total. Una vez que termine de pagar su primera deuda con interés alto, encuentre la siguiente tasa de interés más alta y repita el proceso. Pague por encima del monto mínimo tanto como pueda, para que logre salir de la deuda más rápido.

Método de bola de nieve

Al seguir este método, las personas en lugar de centrarse en la deuda más alta, primero debe enfocarse en pagar la tarjeta con la deuda menor hasta llegar a la más grande sin importar la tasa de interés. Luego trabajas a tu manera para poder pagar la mayor cantidad adeudada.

Pagando deudas con los montos más bajos primero, se liquida aquellos pagos más pequeños rápidamente y se tiene menos cuentas por las que preocuparse. Finalmente, se debe continuar pagando las cuentas con los saldos más bajos hasta que no le quede ninguna deuda.

¿Por qué ahorrar es tan importante?

Es importante que todas las personas tengan ahorros. Además, se debe tener una cuenta que los ahorros permiten a las personas pagar alguna emergencia, le brinda libertad financiera y le puede ayudar a evitar problemas de crédito que podrían dañar su puntaje crediticio. Un puntaje de crédito alto puede facilitar el alquiler de un apartamento y calificar para un nuevo crédito.

¿Cómo comienzo a ahorrar?

Cuando se trata de ahorrar dinero, cuanto antes comience, mejor. No es un acto que se logra de la noche a la mañana, pero es un proceso que ocurre gradualmente y crece con el tiempo. Llegar a fin de mes puede ser un desafío y te preguntarás cómo es posible ahorrar en todo, pero cualquier cantidad ahorrada es un progreso. A medida que adquieras el hábito de ahorrar de forma rutinaria verás que el dinero ahorrado se está incrementado.

Contacte con su proveedor de crédito y realice un plan de pago

Puede visitar a sus acreedores en persona o llamarlos por teléfono e intentar negociar condiciones de pago más fáciles.

Los acreedores suelen estar abiertos a negociar condiciones de pago más fáciles si estás en una posición apretada puede indicar la cifra que puede pagar, y aumentar las cuotas a tu medida a fin de que se puedan pagar.

- Actúa temprano: trata tu cuenta antes de que sea tarde. Es más fácil y más barato tratar directamente con los acreedores que con agencias de cobro de deudas.

- Sea honesto y educado: explique su actual posición financiera. Usted no tiene que entrar en detalles, pero un poco de explicación debería ser suficiente.

- Entienda lo que va a obtener: ¿cómo será el interés cargado bajo el nuevo acuerdo de pago?, ¿cuál es el importe final que habrá pagado al término del plazo No tenga miedo de hacer preguntas.

- Tome notas: asegúrese de obtener un número de referencia y nombre para cualquier consulta que pueda hacer.

- Siempre solicite pruebas por escrito: ya sea un correo electrónico de confirmación o una declaración sobre la empresa con membrete, para su propia protección es necesario asegurarse de tener algo por escrito que confirma el nuevo arreglo.

Referencias Bibliográficas

McKenna, J. Makela, C. y Porter, N. (2014). Informes crediticios. Recuperado de https://mountainscholar.org/bitstrea m/handle/10217/195073/AEXT_0914 12014-spa.pdf?sequence=1&isAllowed=y

De La Madrid, R. (2012). Reportes sobre la discriminación de México 2012. Recuperado de https://www.conapred.org.mx/userfil es/files/Reporte%20D-CREDITO-Web_INACCSS.pdf

Vladilo, V. (2011).Paz crediticia: Aprenda a reparar tu crédito, a obtenerlo o mejorarlo. Recuperado de https://s3.eu-west-1.amazonaws.com/eu.storage.safecrea tive.org/1/2011/05/27/00000130/332 b/da11/8f5f/89944ea89a6b/PAZCRE DITICIACONBONOparaimprimir.pdf? response-contenttype=application%2Fpdf&X-Amz-Algorithm=AWS4-HMAC-SHA256&X-Amz-Date=20191017T044116Z&X-Amz-SignedHeaders=host&X-Amz-Expires=86400&X-Amz-Credential=1SXTY4DXG6BJ3G4DXHR2%2F20191017%2Feu-west-1%2Fs3%2Faws4_request&X-Amz-Signature=39ff7d233d54b90f183d3f615891f617cf0350afa9fbaea5565f16348278eb44

Molina, V. (2002).El Gestor de cobranza. Recuperado de https://books.google.com.pe/books?id=Id37mei83AIC&pg=PA30&dq=creditos+y+cobranzas&hl=es&sa=X&ved=0ahUKEwjR75fTv6LlAhVCi1kKHYkdDQcQ6AEINjAC#v=onepage&q=creditos%20y%20cobranzas&f=false

Pimenta, C. y Pessoa, M.(2015).Gestión Financiera publica en América Latina: la clave de la eficiencia y la transparencia. Recuperado de https://books.google.com.pe/books?id

=1bF2DwAAQBAJ&printsec=frontcov
er&dq=la+clave+de+la+eficiencia+y+t
ransparencia&hl=es&sa=X&ved=0ah
UKEwjp68isv6LlAhWGwFkKHatEDU
MQ6wEIKjAA#v=onepage&q=la%20c
lave%20de%20la%20eficiencia%20y%
20transparencia&f=false

Panasiuk, A. (2003). ¿Cómo salgo de mis
deudas? . Recuperado de
https://books.google.com.pe/books?id
=4p_t6kuaMOUC&printsec=frontcove
r&dq=deudas&hl=es&sa=X&ved=0ah
UKEwi11f6LwaLlAhUJvVkKHWGoAC
MQ6AEIKDAA#v=onepage&q=deuda
s&f=false

Libro 3: Cómo Mejorar Tu Historial Crediticio

Estrategias Probadas Para Reparar Tu Historial Crediticio, Cómo Incrementarlo y Superar La Deuda de Tarjeta de Crédito

Volumen 3

Por

Income Mastery

Capítulo 1. Conociendo el historial crediticio

1.1. Antes de pedir cualquier dinero, tengo que contarte un error que cometí al usar un crédito, para que no lo repitas

Debo confesar que fue un capítulo oscuro en mi vida respecto a la economía, que manejé muy mal. En agosto de 2016, me excedí en el uso de la tarjeta de crédito de un conocido banco de mi país. Antes de continuar, manejaré los montos en dólares americanos, ya que la moneda de mi país es el nuevo sol, lo que podría causar confusión en ustedes. Prosigamos. Generé una deuda equivalente a $350. Luego, seguí entorpeciendo mi historial crediticio al pagar el monto mínimo, lo que representaba unos $290; todos los meses, pues en ese momento ganaba casi $475 mensuales. Si pagaba mi deuda completa, me quedarían unos $85 para vivir en el mes y en transporte eran al menos $59 mensuales.

No me alcanzaría para consumos alimentarios, vivienda o servicios. En ese momento vivía en una habitación cerca de mi centro de trabajo. Tenía que salir a comisiones y la consultoría duraba cuatro meses, sin contemplar pagos por gratificación, descansos médicos u otras inclusiones que podía ganar como colaboradora de la empresa en la que trabajaba. En diciembre de ese año terminó mi consultoría, pero seguía pagando el mínimo de esa deuda de $290, gracias a otro ingreso menos como validadora de publicidad en una empresa de teletrabajo online.

A principios del año 2017 ya estaba hasta el cuello de esa deuda, cuando una amiga pagó lo que yo debía a la entidad bancaria. Sin embargo, mi trabajo de ese momento no me permitía devolverle lo pagado, ya que ganaba un sueldo mínimo de $267. A ella la despidieron a finales del 2018; fue cuando comencé a devolverle lo abonado, con un intercambio: ella sacó un crédito de $295, prorrateado en dos años. Pagó el primer año hasta que fue despedida del trabajo, como referí anteriormente. Entonces, asumí la deuda hasta terminar el segundo año de la misma.

Muchas lecciones para mí y para ti, que me estás leyendo: no hay que excederse con las tarjetas de crédito, no se debe gastar más de lo que se gana y no hay que pagar el mínimo de lo indicado en la tarjeta de crédito porque genera más endeudamiento. Todo ello por no saber si debía usar en exceso o no mi tarjeta, y si tenía la capacidad de pagar esa deuda como se debía.

Hasta aquí la referencia de lo que no debes hacer en tu historial de crédito. Lo que viene son los conceptos e indicaciones de lo que harás para no caer en deuda, como yo.

1.2. Financiamiento de créditos

Para comenzar, el crédito es una herramienta clave en nuestras finanzas; aprender a manejarlo de forma adecuada te ayudará a conseguir tus metas y objetivos. Analiza diversos factores de tu situación financiera antes de pedir un crédito: cuántas deudas tienes, cuáles son tus gastos fijos y con qué activos cuentas. Aquí los diversos tipos de créditos:

1.2.1. Crédito revolvente. Del inglés *revolving credit*, es un tipo de crédito que no tiene un número fijo de cuotas, en contraste con el crédito convencional. Ejemplos, los asociados a las tarjetas de crédito que brinda una línea de crédito, sobre la que se va realizando compras y pagos. Un crédito revolvente te permite disponer del dinero que no tienes al momento, pero que vas a recibir en un futuro inmediato. Tiene una fecha de corte, que establece el inicio y el fin de un periodo de compras y pagos; y una fecha de pago, que es el último día para pagar, de esta forma el banco te considerará y no te penalizará.

Otro tipo de tarjetas son las de crédito de almacenes o supermercados, que sirven para comprar en sus establecimientos. Con ambas puedes aprovechar promociones mensuales, sin intereses y otros beneficios adicionales. Antes de solicitar alguna tarjeta, revisa siempre el costo anual total, la tasa de interés, las comisiones, las promociones y otros beneficios, así como los demás términos y condiciones. Yo, por ejemplo, al adquirir mi primera tarjeta de crédito pude comprar mi primera laptop, aprovechando una promoción del momento.

1.2.2. Préstamos de libre inversión o personal. Son créditos abiertos que al solicitarlos no debes explicar en qué los utilizarás, y además pueden ser fragmentados. Son ofrecidos por bancos, instituciones financieras e incluso empresas que se dedican exclusivamente a otorgarlos. Asegúrate de que sea una empresa seria y revisa las estipulaciones de tu contrato antes de firmar. Siempre consulta, compara y revisa el costo anual total, anualidad, comisiones, así como todos los términos y condiciones.

También elabora tu presupuesto y verifica tu capacidad de pago. Un ejemplo personal que cito es que este tipo de crédito lo usaron mis padres para remodelaciones en su vivienda, y otro más para un viaje. En mi caso, me ofrecieron un préstamo cercano a los $2900, pero decliné por otras ocupaciones y pagos más primordiales. ¿Beneficios? Varios, además de la posibilidad de lograr un buen historial crediticio: nada de papeleos (solo con tu documento de identidad) y acceso en menos tiempo que una solicitud regular. Con un préstamo de libre inversión tendrás hasta 60 días de periodo de gracia para pagar la primera cuota. Asimismo, podrás pagar en las cuotas que te sean más cómodas.

1.2.3. Créditos específicos. Se trata del crédito cuya cantidad podrá ser utilizada únicamente en un objetivo y deberás comprobar que lo destinaste a ese fin. Su ventaja está en los montos y los planes de pago que están diseñados de acuerdo con el objetivo. Estos créditos son, por ejemplo, hipotecarios, educativos y automotrices, entre otros. Un ejemplo de este tipo de crédito son los préstamos que otorgan las universidades, una vez terminada la carrera educativa y más un empleo de la misma universidad. Estos préstamos deben ser pagados en un determinado tiempo, hasta un máximo de 10 años.

Desde luego que se tiene que cumplir algunas condiciones que la casa de estudios solicita al alumno, como cursar pregrado y posicionarse en el tercio superior como uno de los mejores alumnos de la facultad, además de ubicarse en las escalas de pensiones medias y altas de la universidad. Estas escalas están asociadas con sistemas de pensiones que el alumno paga de acuerdo a su situación económica. Hay casas de estudios que contemplan nueve niveles, siendo el primero el más bajo y el noveno, el más alto. Otro ejemplo son los créditos educativos que proporcionan diversas entidades bancarias, cuyo periodo de pago suele ser menor (cinco años) y el monto a prestar el equivalente a $30000, e implican facilidades de pago.

1.2.4. Préstamo para bienes de consumo duradero. Este tipo de crédito está relacionado con la adquisición de bienes que tienen un valor comercial y una vida útil determinada, como son los automóviles, equipos de cómputo, electrodomésticos, mobiliarios y equipos. El acreditado deberá aportar un porcentaje del costo total y el banco le presta el restante. Estos bienes en ocasiones pueden servir como garantía del préstamo.

Por ejemplo, cuando alguien cercano a mi círculo de amigos solicitó un préstamo para adquirir una docena de computadoras y le explicó a la financiera que este préstamo era para instalar un negocio de cabinas de internet, en las que invirtió sus ahorros. Con ello garantizó que la financiera le prestara la cantidad monetaria para finalizar la compra de estos equipos. Una vez hecho esto, mi conocido comenzó a pagar las cuotas correspondientes a sus préstamos, mientras su negocio avanzaba. Tuvo que recibir en breve la visita de los colaboradores de la financiera, quienes fotografiaron los ambientes de la cabina de internet, los equipos. Mi conocido tuvo que firmar los papeles de conformidad.

1.3. Sencillos pero importantes términos para lidiar con el historial crediticio

1.3.1. Capacidad de endeudamiento. También llamado uso de crédito, capacidad de pago o ratio de deuda. Es una medida relacionada con cuánta deuda tienes en tu tarjeta versus cuánto te está permitido gastar. De acuerdo con expertos consultados por una entidad bancaria de mi país, el límite de capacidad de endeudamiento es entre un 35% y 40% de los ingresos netos mensuales. Es el resultado de la resta de los ingresos totales y los gastos fijos en un mes.

Hagamos este ejercicio: suma todos tus ingresos y, luego, réstale todos los pagos que debes hacer. El dinero restante, que está «libre», representa lo que mensualmente podrías destinar al préstamo.

Una tarjeta de crédito con $900 de deuda y un límite de crédito de $1000 tiene un ratio de deuda muy alto: 90%.

1.3.2. Tasa de Costo Efectivo Anual (TCEA). Está compuesta por la tasa de interés, pero también de costos adicionales por atrasos, envíos de cuenta en físico, entre otros. Este monto extra por servicios varía de acuerdo a la entidad bancaria. Por ejemplo, algunas tarjetas de crédito de mi país tienen una

TCEA de 104,04% mientras que otras tienen 124,55%, y algunas cifras cerca del 154,7%.

1.3.3. Cuota comodín. Es uno de los beneficios que dan algunas entidades bancarias. En algunos casos, pueden darte la opción de acceder a ella una vez al año, dos veces durante todo el préstamo, depende del banco. Necesariamente, tienes que ser puntual en tus pagos. Toma en cuenta que este no es un ahorro, sino posponer el pago, porque arman el nuevo cronograma de abonos, pues los intereses continúan.

1.3.4. Impuesto al Valor Añadido (IVA). También conocido como Impuesto al Valor Agregado. Es un impuesto indirecto sobre el consumo que grava las entregas de bienes y las prestaciones de servicios. No se aplica de manera directa a la renta de los contribuyentes, sino que se paga según el consumo que haga cada persona. Cuantos más productos o servicios compres, más IVA pagarás. Es la misma tasa para todos, independientemente de los ingresos del contribuyente al que se le esté cobrando dicho impuesto. Es proporcional y trata de un porcentaje determinado que se aplica a todos los productos y servicios. En la mayoría de países hay dos, tres y hasta cuatro tipos de IVA, dependiendo del producto o servicio al que esté sujeto el impuesto. Averigua sobre el IVA en tu país.

Capítulo 2. Historial crediticio, ¡aquí vamos!

2.1. ¿Qué es el historial crediticio?

Según Oscar Salas, exdirector de Producto y Negocios de Afluenta, fintech de finanzas colaborativas en Argentina: El historial de crédito se elabora con los datos que aportan tanto las entidades financieras como las empresas de telefonía, eléctricas, de automóviles o aseguradoras. Esta calificación será la que le permitirá obtener un crédito.

2.2. ¿Cómo puedo obtener mi historial crediticio?

Comienza por obtener un plan para tu celular, una tarjeta de tiendas por departamento o contratar televisión por cable. Otra manera es solicitar una tarjeta de crédito; al empezar a usarla, entrarás en el historial crediticio. También, pide un préstamo en tu entidad financiera de confianza. Un producto financiero como una cuenta de ahorros, también es una opción para obtener el historial crediticio.

Mi hermano, diseñador gráfico de profesión, contrató servicio de Internet con telefonía fija cuando tenía 19 años; así hizo su entrada al mundo del historial crediticio. Otro ejemplo, la apertura de mi primera tarjeta de crédito cuando trabajaba como consultora de comunicación para un organismo internacional. Había certificado que trabajaba ahí desde hace tiempo, para que se me otorgara la tarjeta. Anteriormente, era practicante de otra empresa; a pesar de contaba con pagos mensuales, no era sujeto de crédito.

2.3. ¿Qué es la calificación crediticia?

Es una puntuación que entregan las agencias de medición a los créditos o deudas de diferentes empresas, gobiernos o personas, según su calidad crediticia. Se hace sobre base del historial crediticio de una persona natural o jurídica y, sobre todo, la capacidad para devolver la financiación. Esta capacidad se hace en base a la analítica de todos los pasivos y activos del sujeto a evaluarse. Las calificaciones crediticias oscilan entre los puntajes de 300 y 850. Una calificación baja indica menor capacidad crediticia y una calificación alta, mayor capacidad crediticia. La mayoría de los profesionales financieros recomiendan una calificación crediticia de por lo menos 700. Las calificaciones iguales o superiores a 700 le permiten a un prestatario obtener tasas de interés más bajas en préstamos y tarjetas de crédito que otras personas con calificaciones crediticias más bajas.

2.4. Así arruino mi historial crediticio

Empieza a tener un mal historial al no pagar a tiempo las cuentas de la tarjeta de crédito, como me ocurrió a mí al principio de este capítulo. Otra forma es fallarle a alguien que se presentó como tu aval a la entidad bancaria y no pagaste a tiempo. Cuántos familiares y amigos se presentaron como garantes para que su conocido endeudado pagara el crédito y, al final, han sido ellos los que han tenido que pagar una deuda que no era suya, porque el sujeto no pudo pagar las cuentas pendientes.

De igual forma, la falta de tiempo para pagar un préstamo perjudica el historial. Ahora ya no hay excusa en cuanto a esto, pues los débitos automáticos de las tarjetas pagan por ti, claro si activas esta opción en tu plataforma. Si tienes un servicio, por ejemplo, un plan de telefonía celular y no lo pagas o lo haces a destiempo, echas al tacho tu historial. Ese pago que tenías que hacer por el servicio de Internet que te brindan y te olvidaste pagar, también es un punto en tu contra.

Son pocos los casos, pero ocurre que la identidad duplicada es causa de un mal historial crediticio. Aunque no lo creas, hay ocho identidades conocidas como mi primer nombre y mi primer apellido en todo el país. Y, sí, por confusión de esos nombres tu historial crediticio puede verse afectado. Una consecuencia funesta de no pagar a tiempo las deudas es que, aunque suene muy cruel, es más complicado acceder a algunos empleos. Lo cierto es que ciertas empresas condicionan la contratación de trabajadores, en el sentido de que no tengan una mala calificación en la central de riesgos del país o estén reportados en pérdida.

2.5. ¿Cuántos días de retraso en pagar se me permite y cómo esto repercute en mi historial crediticio?

2.5.1. Normal. Si no te has retrasado ningún día, esta sería tu calificación crediticia; eres candidato para un préstamo, según los bancos. Si a pesar de tus pagos no tienes esta calificación, ello podría deberse a que hasta hace menos de seis meses tuviste un retraso. En seis meses, luego de que te pongas al día en tus cuentas podrás calificar como normal.

2.5.2. Cliente con problemas potenciales. Así calificas si te retrasas de 9 a 30 días. Solo pagas la cuota y continúas tus pagos puntuales los siguientes meses para volver a tener una calificación normal. Con esta calificación, todavía cuentas con acceso a préstamos personales, aunque no a altas sumas de dinero, y tu tasa de interés será un poco más alta.

2.5.3. Cliente deficiente. Entras en esta categoría con más de 30 días y menos de 60 de retraso. No podrás recibir nuevos préstamos de ninguna entidad bancaria.

2.5.4. Cliente dudoso. Cuando tu retraso en los pagos es más de 60 días y menos de 120. No tienes solvencia para pagar los intereses.

2.5.5. Cliente en quiebra. Tu retraso por el abono de deudas es de más de 120 días. Has suspendido tus pagos. Prepárate, es la peor calificación crediticia. Los bancos ven poco probable que te recuperes, por lo que la idea de un préstamo es improbable.

Otras formas de arruinar tu historial crediticio son usar la tarjeta de crédito por supuestas rebajas (que al final dejarás olvidadas) y no calcular presupuestos al solicitar crédito para un evento importante (como viajes o tu boda).

2.6. ¿Se borra la información crediticia?

La información histórica sigue apareciendo. Por ejemplo, en agosto de 2016 tenía la deuda que referí en líneas anteriores; tenía un par de retrasos en mis pagos con monto mínimo. Eso no se borrará, siempre va a aparecer, aunque ya no como deudor.

2.7. Así reparo mi historial crediticio

2.7.1. Entiende y comprende tu informe y calificación crediticios. Este es un registro de tu pasado financiero. Incluye cualquier préstamo, factura, tarjeta de crédito u otras deudas que hayas tenido y si realizaste los pagos adecuados a cada cuenta. Para resumir: si tengo un crédito de $9500 en mi entidad bancaria y pido $9000, me estoy arriesgando demasiado a que se me califique como un potencial peligro. En cambio, si solicito unos $5000, tengo respaldo monetario y pago a tiempo las cuotas, verán que soy sujeto potencial de más préstamos.

2.7.2. Revisa tu informe crediticio periódicamente. Para detectar actividad no autorizada, errores y facturas impagas. Solicita una copia gratis de tu informe crediticio en la página de tu país, dedicado al rubro. Establece un plazo y un presupuesto para pagar tus deudas y comunícate con todos los acreedores para acordar plazos de pago.

Lo que narraré a continuación es algo que me sucedió con una de mis tarjetas de débito. Retiré del cajero automático la cantidad de $400, pero recibí solo $300. Me alarmé, pedí un reporte en la agencia bancaria más cercana que encontré y, efectivamente, registraba que retiré $300. Entonces, hice una solicitud de devolución; anoté las referencias del cajero que me otorgó otra cifra. Me respondieron al cabo de poco tiempo. Aceptaron que la mala calibración de su cajero automático fue lo que causó el problema. Me hicieron la devolución del dinero restante.

Otro ejemplo, que me da mucha vergüenza presentar (ahora lo tengo más claro), es que no quería revisar mi informe crediticio porque pensaba (muy ingenuamente) que si pagaba el mínimo del monto de crédito, este iba a disminuir. Grave error, que pasaré a explicar en el siguiente punto.

2.8. Sé cauteloso si los acreedores te proponen «reducir» o «saltar» pagos. Mejor es refinanciar

Pagar una cantidad mínima, aunque aparentemente es mejor que no pagar nada, es una pequeña trampa. Porque, así cubras el monto mínimo para que tu cuenta se considere al corriente y no genere intereses, también es una trampa que causará que el saldo en tu tarjeta se convierta, crezca hasta casi ser impagable. ¿Por qué? Pues por la manera en que se calcula y se aplica. Supongamos que el saldo de tu tarjeta de crédito es de $10000 y el límite de crédito es de $30000. Hay dos métodos que se pueden aplicar:

• $30000 (límite de crédito) x 1.25% (factor) = $375 de pago mínimo. La primera se basa en tu línea de crédito. El banco toma el 1.25%

del total de tu línea de crédito y establece el monto a pagar.

- $10000 (saldo) x 1.5% (factor) = $150 + $320 (IVA + intereses) = $470 de pago mínimo. La segunda es la suma del 1.5% del saldo que le debes al banco más los intereses correspondientes a este monto con IVA.

Tu pago mínimo es de $470, la mayor cantidad. Estarías aplicando un pago de solo $150 a tu deuda y casi el 70% se utilizaría para pagar intereses. Si sigues pagando esa cuenta mínima, tu deuda crecerá cada mes y el pago mínimo subirá hasta que tu capacidad de pago no te permitirá cubrir ni siquiera esta cantidad. Cancela primero las cuentas morosas, luego las deudas que tengan las tasas de interés más altas; podrás ahorrar dinero. El ejemplo de mi mala administración de dinero y los pagos mínimos de la tarjeta causaron un forado en mi presupuesto. Y no quiero que tú repitas ese mal ejemplo.

En cuanto a la refinanciación de tu deuda, trata con el banco para reprogramar en los siguientes seis meses el pago de tu crédito. Al atrasarte en tus pagos, así sea por un mes, tu opción inmediata es solicitar refinanciar tu deuda. El problema de solicitar esto es que tu calificación crediticia cambiará negativamente y así se mantendrá por los siguientes seis meses.

2.8.1. Considera un crédito de consolidación de deuda o transferencias de saldos a una tarjeta de crédito con interés más bajo. Se trata de simplificar tus pagos mensuales en un solo pago, para dar lugar a un pago mensual más bajo. Está dirigido a las personas con una deuda de tarjeta de crédito que, generalmente, tiene tasas de interés más altas. Si tienes una casa u otra propiedad valiosa que puedes usar como colateral, te arriesgas a perderla si no puedes pagar el préstamo. Este tipo de crédito podría reducir tu pago mensual, pero aumentar el monto total que pagas durante la vigencia del préstamo. Pagar más que el monto mínimo puede ayudarte a cancelar el préstamo más rápidamente. Es algo difícil de encontrar. En mi país es popular la «compra de deudas» entre un banco y otro; las tasas de intereses son variables, pero te garantiza que todo lo tengas en una sola cuenta.

2.8.2. Podrías ahorrar dinero. Es posible que puedas pagar tus deudas en menos tiempo. Ejemplo, un trabajo de jornada completa, más asesorías (en las que desarrolles tu especialidad y puedas brindar de forma particular) y pagos extras por conceptos de gratificaciones y horas extras pueden hacer un buen colchón para lo que estás buscando adquirir, aunque vayas poco a poco. Pero de que se puede, se puede.

Hay maneras de ahorrar. Una de las más llamativas es el *kakeibo*, modalidad de ahorro de origen japonés que implica la utilización de un cuaderno. En él se anota, al principio de cada mes, los ingresos y los gastos fijos, como la hipoteca o el alquiler, la luz, autovalúo, entre otros. De esta manera, puedes saber cuánto dinero te queda disponible para el resto de los gastos que tienes durante el mes.

Cada vez que hagamos una compra o paguemos algo, debemos apuntar en el día y la sección que corresponda. Si el gasto tiene que ver con alimentación, ocio, ropa, etc.; se debe ser constante y meticuloso. No se puede dejar nada sin anotar, por muy pequeño que sea el gasto o no servirá de nada. La clave es la planificación y el control. Al final de cada semana y de cada mes, podrás sumar tus gastos por categorías y verás si has llegado a tu propósito de ahorro mensual. De esta manera, podrás corregir tus comportamientos de cara al siguiente mes. Varios ejemplos y comentarios en foros sugieren el éxito de este método, logrando el ahorro de hasta $200 al mes sin pasar necesidades.

Ahorrar dinero en el banco implica que este no te cobrará comisiones por retiros o por no tener un monto mínimo en tu cuenta a fin de cada mes. Además de que estas entidades pagan intereses por tu dinero, de acuerdo a la cantidad que tengas depositada. Obviamente, a más dinero, mayores intereses. Aunque no podrás vivir de los intereses que te dé el banco, porque no son tan altos. Algo muy diferente sucede si ahorras en las llamadas cajas rurales o en las financieras, que tienen y ofrecen las mejores remuneraciones a los depósitos de más de 360 días.

2.8.3. Busca una agencia de asesoramiento crediticio. Para conseguir los mejores servicios, tarifas y planes, además de asegurar su legitimidad. Buena parte de los asesores o consejeros de crédito ofrecen sus servicios a través de oficinas locales, en Internet o por teléfono. Trata de buscar una organización que ofrezca servicios de asesoramiento en persona. Una vez que desarrolles una lista de posibles organizaciones de asesoría de crédito, verifica su reputación haciendo este listado de preguntas: ¿Qué servicios ofrece? ¿Me ofrece información? ¿Además de ayudarme a resolver mi problema inmediato, me ayudará a desarrollar un plan para evitar problemas en el futuro? ¿Cuáles son sus cargos u honorarios? ¿Qué sucederá en caso de que no pueda pagar los cargos o hacer contribuciones? ¿Tendré un acuerdo o contrato formal escrito con usted? ¿Tiene licencia para ofrecer servicios en el estado donde vivo? ¿Cuáles son las calificaciones de sus asesores? ¿Poseen acreditación o certificación otorgada por una organización externa?

Las cajas de ahorros provinciales en mi país son unas fuentes de asesoramiento fidedigna, ya que su principal fin es promover el ahorro entre las familias, facilitar préstamos a los empresarios y promover actividades culturales. Tanto cliente como asesor se ponen de acuerdo para llegar a un crédito aceptable entre ambos.

2.8.4. Paga tus facturas a tiempo. Luego de algún tiempo, esto afectará positivamente tu puntaje crediticio y solvencia. Nunca olvides anotarlo en tu agenda o usar una app de alarma para que te recuerde los días faltantes para el pago.

2.8.5. Sé precavido al cerrar cuentas. Porque puede afectar negativamente tu puntaje crediticio, al reducir tu historial o disminuir tu crédito disponible; cierra la cuenta en la que tengas el menor saldo disponible. Contacta con el banco telefónicamente y, luego, en persona. Verifica que no existen deudas ni compromisos pendientes con el banco. Observa que las cuentas que no se han cerrado adecuadamente siguen generando deudas. Conviene esperar un tiempo entre la apertura de una nueva cuenta y la cancelación de la antigua para comprobar que cargan correctamente los recibos y la nómina en la nueva cuenta. Ten bastante paciencia, la cancelación de una tarjeta tarda un mes o más. Pasado este tiempo, solicita una copia de tu informe de calificación crediticia para asegurarte de que la cuenta está clasificada como «cerrada».

Si la cuenta aparece abierta, llama al servicio de atención al cliente de la entidad bancaria para informar del error, envía una carta por correo certificado (incluyendo una copia de tu carta original en la que solicitabas el cierre de la cuenta) y, luego, verifique tu informe de calificación crediticia nuevamente. Un ejemplo de cómo afectaría:

Una persona posee dos cuentas de tarjetas de crédito. La A tiene un saldo de $500 y un límite de $2000. La B tiene un balance de cero, porque no está en uso, y un tope de $3000.

Saldos en total = 500+0=500.

Créditos autorizados = 2000 + 3000=5000.

Tasa de utilización crediticia = 500/5000 = 10%.

Si cierras o cancelas la tarjeta que no usas, la tasa de utilización sube a un 25% porque estás cerrando el crédito disponible o autorizado. Esta tasa por ser más alta perjudica tu puntaje de crédito. Al cerrar la cuenta de la tarjeta B:

Saldos en total = 500 +0=500.

Créditos autorizados = 2000 + 0 = 2000.

Tasa de utilización crediticia = 500/2000 = 25% (se eleva).

Cerrar dos tarjetas de crédito disponibles afecta el puntaje crediticio.

2.8.6. Planifica con anticipación las compras importantes. Sea vivienda, vehículo u otro artículo importante, los puntajes crediticios altos hacen que los prestatarios disfruten de tasas de interés más bajas y límites de créditos más altos. Procura mejorar tu puntaje crediticio en un tiempo de seis meses. Para ello, planifica con anticipación si desea comprar.

Otra anécdota. Tengo una línea de crédito con una entidad bancaria por $5000 dólares, y así estuvo tres largos años. Mi madre tuvo una idea muy arriesgada y genial: le presté $2500 de mi línea de crédito y me depositó puntualmente los seis meses en que solicitó las cuotas para pagar dicha cantidad. Resultado: mi línea crediticia se incrementó a $9500. Ahora puedo disponer de más crédito en mi línea.

En el caso de la adquisición de un inmueble, no solo es esto. Considera el hecho de que estás adquiriendo un pequeño pedazo de nuestro territorio nacional. Esto aplica en el caso de un departamento o un *penthouse*. Actualmente, las metrópolis de diversos países se están tugurizando y gentrificando, espacios que antes nadie daba un valor y ahora sí debido a la llegada de un grupo de inversionistas. Ello como consecuencia de la demanda de personas que desean llegar a sus centros de trabajo, las cuales hacen más apartamentos en espacios muy reducidos. Otras inversiones inmobiliarias son solventadas, en buena parte, por el Estado, con la respectiva consideración del medio ambiente.

Un caso en mi país respecto a la oferta inmobiliaria es el Fondo Mi Vivienda. Un programa inmobiliario auspiciado por el Estado para adquirir una vivienda que incorpora criterios de sostenibilidad en su diseño y construcción, con lo que se disminuye el impacto sobre el medio ambiente. Este fondo otorga el Bono Mi Vivienda Verde como un porcentaje (3% o 4%) que se descuenta al valor de financiamiento, según el grado de sostenibilidad, para la adquisición de ese tipo de vivienda. El posible propietario acude a una entidad financiera para que esta evalúe su capacidad de pago. Es en la entidad bancaria donde puedes solicitarlo, haciendo valer el programa Mi Vivienda Verde.

Otro ejemplo, el caso del inicio del año escolar en mi país entre los meses de marzo y abril. Las listas de útiles escolares constituyen una pesadilla para los padres de familia con hijos en edad escolar. Una solución es comprar parte de la lista al por mayor entre varios padres de familia, o pedir un préstamo enfocado a la campaña escolar a una tasa de interés menor que las tarjetas de crédito.

2.8.7. No te endeudes más allá de tus posibilidades. Trata de no pedir préstamos por montos que no puedas pagar en los siguientes 60 días. De tu sueldo mensual, solo deberías destinar como máximo entre el 30% y el 40% para el pago de deudas.

Hace tiempo aprendí un fórmula que encontré en diversas páginas web; se llama la regla del 20, 30 y 50. Se trata de que el 50% de tu salario lo utilices para cubrir tus gastos más básicos, como lo son el pasaje para transportarte o los insumos para movilizar tu auto, comida, pago de servicios y arbitrios; el 20% para ahorros en casos de emergencia y el 30% para tus gastos personales. Siempre cuida esta valiosa regla.

2.9. Así incremento mi historial crediticio

Como sabrás, los diversos organismos encargados de la regulación y supervisión de los sistemas financieros, de seguros y privado de pensiones de cada país tienen la obligación de registrar toda la información de las entidades que vigila: bancos, cooperativas, financieras, cajas, edpymes. Igualmente, tienen la obligación de reportar cuando sus clientes dejan de pagar créditos, tarjetas, o mantienen las cuentas en sobregiro.

Cada vez que dichas entidades gestionan un conflicto por incumplimiento de pago, envían un reporte. Las empresas comerciales y las entidades educativas también reportan, lo hacen a las centrales de riesgos privadas. Estas recogen toda la información para sus clientes, es decir, todo aquel que quiera consultar. Cada vez que consulten tu identificación, verán lo que eres económicamente.

Una curiosidad me sucedió cuando adquirí una nueva línea telefónica. El número estaba antes a nombre de otra persona, a la que llamaremos Juan Pérez. Durante unos dos años, una conocida tienda de electrodomésticos llamó a mi número buscando al tal Juan Pérez. No me imagino cuánto habrá disminuido su historial crediticio.

2.9.1. Paga a tiempo. Facturas, tarjetas de crédito, créditos personales e hipotecarios, servicios públicos, celular, impuestos, cheques, letras, pensión alimentaria. Utiliza el «débito automático», un servicio que te permite pagar tus facturas automáticamente usando una cuenta de ahorros o corriente; siempre y cuando haya dinero en la cuenta.

2.9.2. Controla tus gastos. Para que al final del mes tengas saldo en tu cuenta bancaria. Otra corta anécdota sobre cómo controlar gastos. Hubo un tiempo en que no tenía un trabajo fijo. En ese periodo fui a una feria alusiva a gatos (tengo varios como mascotas). Deseaba comprar un cepillo especializado para su pelo; tenía que gastar $70 por uno. Hallé el instrumento más otros elementos, que no necesariamente les serviría a mis gatos. Al final de la visita a la feria, debía pagar por todo $200. Ese mes tuve que controlar los gastos de mis gastos.

2.9.3. Al seguir el paso anterior, si todavía no la tienes, abre una cuenta corriente. Este tipo de cuenta tiene un par de servicios adicionales: puedes hacer uso de los canales virtuales y tendrás un cupo de sobregiro, que es una especie de crédito. Si no dispones de efectivo y debes hacer un pago, podrás sacar dinero de tu cuenta aunque no lo tengas. Ese dinero genera intereses (costosos) y tendrás hasta 30 días para pagarlo.

Además, podrás hacer transferencias sin ningún costo a cuentas de ahorro y realizar retiros y depósitos con cheques de otras entidades sin incurrir en otros gastos, evitando los peligros de cargar dinero físico. Parte de la evaluación que hacen las entidades es la relación que hay entre los cupos de crédito disponibles y el uso que les das; bajo uso del sobregiro se traduce en «buen manejo» y, por tanto, la calificación será buena.

2.9.4. Aumenta el cupo de tu tarjeta o pide una nueva. Esto incidirá en la relación cupo crédito/uso del crédito. Usa tus tarjetas sabiamente, ni el 100% ni el 0%. Hablaremos sobre las tarjetas de crédito en los siguientes apartados.

2.9.5. Consigue un incremento en tu límite de crédito, mejorará tu calificación crediticia. Basta reunir la documentación que sustente las razones por las que se te debería dar un incremento en el crédito (un aumento salarial, por ejemplo). Argumenta tu caso. Sin embargo, ten presente que una solicitud de incremento en el límite de crédito puede ocasionar que tu calificación crediticia disminuya algunos puntos.

2.10. Superar la deuda de tarjeta de crédito

Antes de entrar de lleno en esto, lee bien todos los términos y condiciones sobre la tarjeta de crédito. De esta manera, te evitarás disgustos y estarás atento a lo que vendrá.

2.10.1. Evita retirar dinero en efectivo de las tarjetas de crédito. En particular, para pagar las tarjetas de crédito u otras deudas. Esta fue una de las razones por las que me endeudé, como comenté al inicio. Cuando quería efectivo, mientras no recibía mi salario, sacaba $10, $20 o $30; siempre me cobraban $9. Así me encaminé en la mayor deuda de mi vida.

2.10.2. Regístrate para una nueva tarjeta de crédito. Considera esa posibilidad mientras llevas tu vida diaria. Los centros de llamadas de las diversas entidades bancarias te buscarán y te tocará elegir.

2.10.3. Si tienes demasiada deuda de tarjeta de crédito, conseguir otra tarjeta de crédito no es la respuesta. Sin embargo, si necesitas aumentar tu puntaje de crédito rápidamente, esta puede ser tu única opción. Trata de obtener una tarjeta con una opción de transferencia de saldo intro 0%, lo que te permitirá transferir tu deuda existente y descansar de pagar intereses cada mes. Si no puedes obtener la aprobación para tarjetas de crédito debido a tu baja puntuación, busca obtener una tarjeta de crédito garantizada.

2.10.4. Mantén las tarjetas abiertas. Debido a que cada una continúa contribuyendo a tu historial de crédito. De hecho, muchas personas tienen la creencia errónea de que cerrar las cuentas de tarjetas de crédito ayudará a su puntaje de crédito, cuando es probable que ello genere el efecto contrario. Cuanto más tiempo tengan tus cuentas, más agregarán a tu puntuación. Incluso, si ya no usas tus tarjetas de crédito antiguas, puedes cortar las tarjetas o bloquearlas pero no las anule. Esto me pasó con una tarjeta de crédito de una tienda de electrodomésticos, la bloqueé para no usarla pero no la anulé. Esto incrementó mi historial crediticio.

2.10.5. Compara diferentes tipos de tarjetas. Las tarjetas de crédito prepagadas no se reportan a las agencias crediticias principales y no ayudarán a incrementar tu calificación crediticia. Sin embargo, una tarjeta de crédito asegurada puede ayudar a mejorar tu calificación. Esta es una tarjeta de crédito con una garantía (que se convierte en el límite de crédito), la cual puede mejorar tu calificación crediticia; siempre y cuando la uses responsablemente. A mí me conviene utilizar una determinada tarjeta de una determinada entidad bancaria porque otras me elevan mi tasa de interés, lo que no beneficia mi historial crediticio.

2.10.6. Mezcla tus formas de crédito. Un ejemplo es la apertura de una tarjeta de crédito de una tienda y su uso para algunas compras. Este tipo de tarjetas pueden mejorar tu puntaje de crédito, aunque ligeramente. Estas te ayudarán a resistir el impulso de gastar en otras cosas y acumular recompensas, como el gas libre. Paga la balanza inmediatamente después de cada uso y tu calificación de crédito reflejará tu buen historial de crédito, historial de pagos y aumento del crédito disponible. Un buen uso podría ser una tarde de compras pagaderas posibles o una cena que cancelarás inmediatamente para mantener activa tu tarjeta. Negocia con el banco, sé asertivo para los nuevos créditos.

Ten cuidado al combinar cuentas empresariales y privadas, porque los préstamos personales pueden ayudarte solo hasta cierto punto y tu negocio sobrepasará los recursos financieros vinculados a tus activos, lo que disminuirá tu estabilidad financiera. Cuando eliges créditos empresariales le das a tu empresa la opción de desarrollar un historial financiero fuerte, lo que te permitirá asegurar préstamos más grandes y complejos en el futuro. Estos poseen mejores condiciones con tasas que pueden ir del 8 al 12%, contra las de uno personal cuyos porcentajes pueden ubicarse entre un 45 y 50% anual. No hay manera de saber anticipadamente cómo cierta acción afectará el historial crediticio, porque la cifra depende de la información única dentro del reporte de crédito.

2.11. Conserva de esta manera tu historial crediticio

2.11.1. Limita tus cuentas. Muchas tarjetas de tiendas y/o de crédito pueden reducir tu puntaje crediticio, inclusive si no utilizas las cuentas y pagas los saldos en su totalidad.

Bloquea las tarjetas, pero no te excedas en compras.

2.11.2. Usa tus cuentas. Realiza compras y paga el saldo total cada mes. De esta manera, mantienes baja la relación saldo-límite. Utilizar menos del límite de crédito disponible ayudará a aumentar tu puntaje crediticio. Las pequeñas compras, ya sabes.

2.11.3. Paga tus facturas a tiempo. Los prestamistas tienen en cuenta tus registros de pago para establecer tu confiabilidad. Recuerda esto siempre.

2.11.4. Usa tarjetas de crédito de forma regular y responsable. Para compras pequeñas y pagar el saldo al final del mes. Esto muestra que puedes pedir prestadas pequeñas cantidades de dinero y se puede confiar en que las pagarás cuando canceles tus cuentas al final del mes. Así que paga a tiempo.

2.11.5. Conserva tu empleo, emprendimiento y/o vivienda principal por dos años o más. Los prestamistas utilizan esta información para determinar tu estabilidad. La responsabilidad vale, incluso un emprendimiento *freelance*. Lo cierto es que actualmente un trabajo estable no es suficiente y la creación de una empresa genera ingresos a partir de tus conocimientos.

2.11.6. Sigue revisando tu informe crediticio. Así podrías detectar actividad no autorizada y errores. Informa los inconvenientes de inmediato. Nunca lo descuides. Programa siempre unos días para revisar el informe a través de Internet.

2.11.7. Consigue un préstamo que puedas pagar fácilmente. Si sabes que podrás pagarlo, un préstamo personal puede mejorar tu calificación crediticia. Por ejemplo, un préstamo para pagar un equipo móvil en cinco meses.

2.11.8. Usa tus recursos. Si tienes una casa pero te has endeudado, revisa si el valor de la propiedad ha aumentado recientemente. Puedes tomar prestado dinero contra el patrimonio de tu casa para obtener un pequeño préstamo, el cual incrementará tu calificación crediticia. Los padres de la amiga que me prestó el dinero para pagar mi deuda hipotecaron su casa para crear su empresa. Luego de 12 años, pudieron recuperar su casa. Pídele ayuda a un miembro de tu familia. Puede ser que conozcas a alguien que tenga un mejor crédito que tú y pueda ayudarte en esta situación. Pídele que sea el garante de tu préstamo. Esto le garantizará al banco que el préstamo se pagará y te dará la oportunidad de mostrar fiabilidad. Da ese aval pagando a tiempo.

2.11.9. Optimiza tu tasa de uso de crédito. Si tienes varias tarjetas de crédito y deudas en cada una, las tarjetas con ratios altos de deuda a límite se penalizan más en tu calificación crediticia que las tarjetas con ratios de deuda a límite más bajos. Ya sabes que las tasas de uso de crédito ideales están por debajo del 10% y que puedes transferir la deuda de una tarjeta a otra para ayudar a acomodar el uso de crédito. Considera si tendrías que aceptar tasas de interés más altas, recurre a todas tus posibilidades.

Es importante agregar que entre las cosas que deberías pagar con tu tarjeta de crédito se encuentran pasajes aéreos, hoteles, cruceros u otros tipos de viajes, ya que ofrecen beneficios que pueden ayudarte a ahorrar dinero y protegerte de pérdidas. Adquirir un nuevo móvil con tarjetas de crédito proporciona garantías extendidas y protección contra robos y daños durante los primeros 90 a 120 días, después de que compras el artículo.

Igualmente, la tarjeta de crédito es útil para pagar por adelantado bienes o servicios que recibirás más adelante. En el caso de que se cancele la entrega del producto o servicio que pagues, el emisor de tu tarjeta te reembolsará la compra. Con algunas tarjetas de crédito puedes recibir puntos y millas adicionales por concepto de facturas de cable, electricidad e Internet. Ten en cuenta que la tarjeta de crédito no es la extensión de tu dinero, pues es un monto que el banco te presta y debes devolver. Tampoco es para pagar las compras en decenas de cuotas, sino entre tres o seis. De esta manera, no aumentarás el monto final de tus adquisiciones.

Capítulo 3. Consejos para aprovechar la libertad financiera (aún más)

Si tienes varias deudas, no sabes cuánto cobra cada una, a qué intereses y muchas otras cosas, es importante que crees un plan de pago. Solo tú puedes identificar cuánto dinero recibes y cuánto puedes pagar demás cada mes. Evita gastar para impresionar a la gente; ten sentido del gasto financiero. ¿Seguro que necesitas esa televisión de 60 pulgadas más que ropa nueva para tu trabajo, libros para tu conocimiento o un curso para capacitarte? La tarjeta de crédito no puede ser vista como una tentación.

Puedes compartir gastos. He visto que varios jóvenes y adultos comparten espacios comunes. Los llamados *roomates* comparten el arrendamiento del espacio, algunos servicios, el transporte, la comida y más. ¡Crea más fuentes de ingresos! Y si no las creas, echa a un lado esa tarjeta de crédito.

Hay gente que vende sus productos y servicios a través de Internet. Averigua cómo puedes convertir tu hobby en pasión y talento. De ser una *community manager* de empresa, ahora vendo mis imágenes por Internet, ofrezco servicios de aseo de mascotas cerca de mi casa, especialmente gatos y más.

Busca mentores que te ayuden a descubrir tu inteligencia financiera, así como libros que te culturicen en ello. Invierte tu dinero. ¿Cómo? Primero tienes que saber que no hay inversión sin riesgo; descubre si eres un inversor arriesgado, conservador o moderado. No vas a conseguir dinero rápido. Algunas inversiones van a generarte los primeros ingresos luego de unos meses y otras, después de unos años. Además, las inversiones pueden depender de factores macroeconómicos y otros factores externos.

Te sugiero que inviertas el dinero extra que tengas ahorrado y que puedas perder sin que te afecte. Los fondos de inversión o depósitos a largo plazo son una buena manera de empezar. Otra buena opción es la junta, que tiene como objetivo la ayuda mutua entre los integrantes de la misma con el ahorro e inversión. Este grupo de personas aportan (periódicamente) una cantidad de dinero denominada cuota para formar una «bolsa», que se adjudica a uno de los miembros elegidos previamente. Todo comienza con la persona que le toca ese mes y así sucesivamente hasta que todos reciban su dinero. No hay tasas de interés, pero sí confianza mutua.

Si no tienes un fondo para emergencias, no uses la tarjeta de crédito en caso de que se te presente alguna. ¿Cómo cubrirás luego el forado que tú mismo has hecho? Para pensarlo y digerirlo. Si quieres salir de deudas más rápidamente, debes conocer tu monto total adeudado. No te hagas el ignorante ni procrastines el monto del mes hasta el último día de pago, no lo hagas. Clasifícalas por monto total adeudado, que viene de la suma de la tasa de interés, cobros adicionales, cuánto es el pago mínimo mensual, deuda total y a cuántos meses está diferida la deuda. Vende los artículos que no usas y que están en buen estado, como cafeteras visualmente agradables, libros, objetos decorativos; con el objetivo de recuperar algo de dinero. Cancela los servicios que no necesitas, como televisión por *streaming*, clubs a los que tu presencia se limita a una o dos veces al año; lo que en realidad constituye un agujero para tu economía.

Con el tipo de cambio en nuestro país, los exportadores y aquellos que tienen ahorros o inversiones en moneda extranjera son los primeros beneficiados. Cuando se pide un crédito en dólares y se tienen ingresos en moneda nacional, el cambio de moneda necesario para hacer los pagos genera un saldo beneficioso para el banco. Esto se debe a que el precio de venta del dólar no es igual al de compra. Se debe tener presente la tasa de cambio. Un préstamo en dólares resulta conveniente cuando el valor de esta moneda disminuye. Esto no es estable y puede alterar tus finanzas si el precio de dicha moneda sube repentinamente. Se debe tener cuidado, más cuando se trata de préstamos personales.

No especules sobre la tendencia de la moneda extranjera; diversifica en monedas tus ahorros e inversiones. Cuando los depósitos a plazo fijo y los fondos mutuos están tanto en soles como en dólares se evita el riesgo cambiario. También, reduce tu deuda en dólares. Ten presente que tu pensión la recibirás en moneda nacional.

Antes de prestar dinero a tu amigo, vecino, pareja o a alguien en específico, ten en cuenta que prestar dinero de palabra no es una opción válida; tienes que redactar un contrato para obligar a la otra persona si se niega a pagarte, a cumplir con lo acordado. Tú puedes averiguar a través de diversas plataformas cómo está la economía de la persona a la que planeas prestarle dinero. Si esa persona tiene grandes deudas con el banco, con prestamistas, con cajas municipales, con tiendas *online*... te recomiendo que no le prestes dinero. ¿Quién te garantiza que te lo devolverá?

Lo que no debe faltar en el contrato de préstamo con alguien:

- Tu nombre y el de la persona a quien deseas prestarle dinero (sus documentos de identidad).

- El monto que vas a prestar.

- El tiempo que la otra persona tiene para devolvértelo.

- La forma en que te devolverá el dinero.

- El cronograma en el que se realizarán los pagos.

- Los intereses, de ser el caso.

- La firma, con la certificación notarial.

- Un pagaré.

Nunca está demás solicitar alguna garantía para asegurar la devolución de tu dinero.

Es importante tener presente que siempre hay operaciones fraudulentas. Una de las más conocidas es el esquema Ponzi. Este esquema constituye una operación de inversión fraudulenta que se basa en el pago de intereses a los inversionistas con el propio dinero invertido o el de otros inversionistas. Primero se busca inventar un producto financiero que suponga una inversión. Se lo presentan a las personas diciendo que si invierten dinero en él podrán cobrar unos intereses bastante altos, mucho más que con cualquier producto tradicional. Aquellos que no sospechen de este fraude invertirán esperando grandes cantidades.

Cuando el número de inversores es cada vez mayor, los que vienen después ven que los que han invertido antes cobran el dinero prometido. Estas personas reciben el monto, pero esa ganancia no tiene el origen que se les explicó; viene de las cantidades aportadas por nuevos inversores e incluso por ellos mismos. De esta manera, los primeros en llegar son los que más ganan y solo funciona cuando aparecen nuevas personas o candidatos a ser embaucados. Uno se da cuenta de ese esquema por el porcentaje de interés, ya que los intereses que se prometen son mucho más altos que los que ofrece cualquier otro producto. Además de que no se reconoce bien lo que se está vendiendo para conseguir las ganancias.

Un ejemplo de ello es algo muy curioso que sucedió en mi país a nivel nacional: tres reconocidos artistas del entretenimiento peruano, los populares «exparticipantes de programas de concursos de telerealidad», promovieron una «red de mercadeo muy rentable» que en realidad era una estafa. De acuerdo a diversos diarios de mi país, para ser parte de esa red uno debe inscribirse pagando una cuota inicial de $225 y después un monto mensual de $160. Supuestamente, esta inversión podría dar una ganancia de más de $25000. Para no creerlo. Un programa televisivo que cubre la sección de espectáculos invitó a un economista para que aclarara el tema. Desde luego, el esquema planteado por las figuras de la televisión constituía una estafa. El economista aseguró que se pueden quedar con una rentabilidad por debajo de lo invertido y que el capital se lo llevan la red de mercadeo.

También aseguró que la red es una «estructura piramidal» en la que si no llevas personas, pierdes todo tu dinero y no hay ninguna institución a la que puedas reclamar. ¿Y a quienes usaron estos chicos de la telerealidad? A sus ingenuos fans, que no tenían idea de lo que promovían sus ídolos. Aunque los artistas se defendieron, el asunto tuvo visibilidad por un buen tiempo. Tanto, que hasta el organismo encargado de la regulación y supervisión de los sistemas financieros en mi país advirtió al público en general de que tengan cuidado con participar en este tipo de negocios, porque podrían perder sus ahorros.

Capítulo 4. Consejos finales

Una de las herramientas que puedes utilizar a tu favor es el préstamo de libre inversión o personal; sin embargo, tiene ciertas restricciones. Nunca compres un auto con ese tipo de crédito, puesto que para ello existe el crédito específico. Un crédito para auto cuenta con tasas de interés y beneficios más convenientes que los de un préstamo personal. Tampoco es bueno para pagar otro crédito, salvo la famosa «compra de deudas». No ingreses en el llamado «carrusel», es decir, pedir un préstamo para pagar otro, a menos que se trate de una consolidación de deudas: pedir un crédito para cancelar varias deudas y quedarse con una sola. Tampoco se recomienda para completar la cuota inicial de un crédito de vivienda; ahorra siempre para ese tipo de compra.

No debes prestar a otras personas; a pesar de que los conozcas, no son tú y pueden fallar en pagar a tiempo. ¿Más facilidades para pagar ese préstamo? Obtén tasas más bajas al abrir una cuenta en la entidad elegida, más si es una cuenta donde depositen tus abonos o haberes; accederías a tasas de interés más bajas. Te ayuda el hecho de poseer una tarjeta de crédito de esa entidad. Una buena manera de reducir los intereses por tu préstamo es pagar cuotas extraordinarias, es decir, pagar doble cuota en ese mes y generas un ahorro. Recuerda: tener préstamos y tarjetas pre-aprobadas constituye un buen indicador en tu historial crediticio; les aseguras a diversas entidades que tienes una situación económica solvente.

Si te niegan un crédito porque sobrepasa tu capacidad de pago o no demuestras tener los ingresos necesarios para pagarlo, solicita el porqué del rechazo. De esta manera, podrás ver las mejoras que puedes hacer, como reducir tus deudas y préstamos pendientes por finiquitar, aumentar tus ingresos para una mayor capacidad de pago, o bien volver a revisar tu reporte crediticio para nuevamente solicitar el monto a prestarse.

Otros aspectos importantes a considerar: invierte en tu crecimiento profesional y personal, proyecta metas, usa el sistema 50-20-30 que explicamos en líneas anteriores, ten un balance general de ingresos y egresos, sal de la zona de confort, deja de envidiar y quejarte. Todos estos hábitos te permitirán mejorar financieramente, mientras tu historial crediticio se ve beneficiado.

Debe ahorrar dinero. Si quieres ver crecer tu dinero, debes hacer sacrificios. Busca todas las formas para ganarte la vida. Me permito un ejemplo. Tengo una *coach*, quien me advirtió que dos afecciones de salud son las más caras: enfermedades coronarias y enfermedades relacionadas con la salud mental. Así tengas un trabajo humilde, deberás ahorrar para atender una o las dos afecciones. No les diré cuál tengo, pero puedo asegurar que el costo de las medicinas y de la consulta médica particular es alto.

Deja el empleo que tienes. Actualmente, un empleo estable en mi país no es seguro. Son muchos los egresados de mi profesión y cada día hay más recorte de personal en los centros laborales. La clave está en emprender. Un ejemplo, mis padres, ella obstetra y él técnico electrónico y chofer. Un día dejaron de ser empleados de una entidad del Estado en mi país y emprendieron diversos negocios: transporte particular, tienda de variedades, concesionaria de comidas, prestamista, instalaciones a domicilio. Estos emprendimientos les han reportado más ingresos que sus carreras. Actualmente, siguen invirtiendo en inmobiliarias mientras reciben ingresos residuales por alquileres de departamentos y tiendas.

Uno de mis abuelos trabajó en una textilería durante 40 años, como técnico de maquinaria. Sí, compró dos casas, pero fueron 40 años de sacrificio. Trabajaba hasta en días festivos, no vio crecer a mi madre y tuvo que descansar por tantos años de trabajo. Yo, particularmente, le dije adiós a los gustos costosos: me despedí de esa jarra con cabeza de gato y de ese lujoso viaje en primera clase. Por último: Bill Gates, Mark Zuckenberg, Steve Jobs, Michael Dell, dejaron su confort y emprendieron su propio camino. Y a ti, ¿qué te falta para empezar a crear tu libertad financiera? Tú decides.